굿바이 불안장애

굿바이
불안장애

헬렌 오데스키 지음 | 김문주 옮김

 mango PUBLISHING   시그마북스 Sigma Books

굿바이 불안장애

발행일 2019년 9월 20일 초판 1쇄 발행
2022년 4월 10일 초판 3쇄 발행
지은이 헬렌 오데스키
옮긴이 김문주
발행인 강학경
발행처 시그마북스
마케팅 정제용
에디터 최연정, 최윤정
디자인 김문배, 강경희

등록번호 제10-965호
주소 서울특별시 영등포구 양평로 22길 21 선유도코오롱디지털타워 A402호
전자우편 sigmabooks@spress.co.kr
홈페이지 http://www.sigmabooks.co.kr
전화 (02) 2062-5288~9
팩시밀리 (02) 323-4197
ISBN 979-11-90257-05-3(03180)

알렉스와 마야에게

차례

제1부

공황과 불안

제2부

공황과 불안을 다스리기 위한 실행단계

제3부

공황과 불안을 다스리기 위한 실행계획

제4부

불안관리의 평생계획

추천사

불안만큼 걷잡을 수 없이 불편한 신체적·정서적 느낌은 많지 않다. 불안장애를 겪는 이들만이 이 느낌을 분명히 이해한다. 어떤 이들에게 불안은 배경음악처럼 느껴진다. 마음 한구석에서 터질 듯한 공포로 가득 찬 화물열차가 덜컹거리며 질주하는 듯 끈질기고 고질적으로 울리는 음악이다. 어떤 이들은 갑작스럽고 예상치 못한 순간에 솟구친 아드레날린이 핏줄을 따라 흐르면서 무섭게 감각을 위축시키고 마음을 쥐어짜는 것이라고 묘사하기도 한다.

나를 비롯한 많은 환자에게 불안은 공포와 불편함이 주는 지속적인 위협이자 존재감과 즐거움을 앗아가는 도둑이다. 가장 나쁜 것은 우리가 공황상태에서 믿기 어려울 정도로 불쾌하면서 무력감을 겪고 심지어 생명의 위협까지 느끼게 된다는 사실이다. 물론 말이 안 되는 이야기지만, 이것이 바로 불안의 본질이다.

압도적인 불안이나 완전한 공황상태는 환자의 삶에서 언제 무슨 일이 벌어지고 있는지를 막론하고 가장 우위를 점하게 된다. 그 결과 공황과 불안 때문에 고통받는 혹은 고통받아온 우리는 인생에서 너무나 많은 소중한 순간을 놓치게 된다. 그리고 내면에서 벌어지고 있다는 것을 알면서도 통제할 수 없는 그 힘에 굴복하고 만다. 불안과 공황의 시간은 너무나 불길하고 섬뜩하며 때로는 절망적으로 느껴진다. 나는 지난 20여 년간 수백 명의 불안 및 공황장애 환자를 치료해왔을 뿐 아니라 나 자신도 심한 불안으로 고통을 받아왔기에 누구보다도 그 느낌을 잘 안다.

따라서 우리는 답을 구하고 싶어 한다. 인터넷을 검색하고 뒤진다. 최근에 출간된 최고의 응급처치법이 담긴 책들로 책장을 빼곡하게 채운다. 위안을 얻을 수 있길 간절히 바라며 심리치료사와 정신과의사, 강사를 찾는다. 우리는 대부분 이런 방식들을 통해 위안을 얻지만 이는 순간적이고 일시적일 뿐이다. 우리는 깊이 숨 쉬는 법을, 숨을 천천히 들이켜고 천천히 내쉬는 법을 배운다. 내면의 대화를 바꿔본다. 명상을 하고 운동도 한다. 식단에서 카페인을 제한한다.

물론 이 방식들은 불안과 공황을 억제하는 데 도움이 될 수 있다. 그러나 이런 해결책들은 궁극적으로 당신의 불안과 공황을 물리칠 단 하나의 방법이라며 독립적으로 제시되는 경우가 잦다. 실망스럽게도 이 방법들은 단독으로 쓰일 때는 임시방편이 될 수밖에 없다. 그리고 불안은 또 다음 기회를 노리게 되는 것이다.

따라서 당신은 당연히, 불안과 공황에 대해 쓰인 수많은 책 중 굳이 이 책이 왜 당신을 위한 책인지 의구심을 품을 것이다. 나는 오직 이 특별한 책 한 권을 추천하려 한다. 오데스키 박사는 이 책을 통해 당신의 불안과 공포를 가장 잘 관리하기 위해 필요한 모든 정보와 도구, 자료, 그리고 희망을 제공한다. 오데스키 박사는 자신의 개인적인 경험과 임상 경험을 바탕으로 당신에게 울림을 줄 성공담들을 들려준다. 그녀가 개발한 U.N.L.O.C.K. 시스템은 당신이 분 단위, 일 단위, 주 단위로 적용할 수 있는 템플릿을 제시할 뿐 아니라, 스스로 그 악순환을 끊을 수 있다는 것을 진심으로 믿는 힘을 부여해준다. 이런 점에서 이 책은 매우 특별하다. 그녀가 제안하는 팁들은 짐짓 당신을 위하는 척하는 중언부언이 아닌, 불안과 공황을 신속히 경감시키기 위해 활용할 수 있는 견고한 도구다.

오데스키 박사는 자신의 환자들을 비롯해 사람들을 괴롭히는 불안을 완화하기 위해 필생의 연구를 해오고 있다. 그녀는 끊임없는 노력을 쏟고 있으며 나는 그녀의 연구 업적에 진심으로 존경을 표하는 바다. 그녀의 지식과 자기 확신, 그리고 훌륭한 유머는 독자들에게 즉각적인 편안함과 안도감을 안겨줄 것이다. 그녀는 UNLOCK 프로그램을 개발하고 완성하기 위해 수년간 연구해왔으며 결국 성공했다. 그녀는 내가 지금껏 대학원이나 병원에서, 그리고 수십 년간 불안에 대해 읽고 연구하면서도 보지 못했던 혁신적인 결과물을 내놓았다. 이 책을 읽으면 불안을 완전히 타개하기 위해 필요한 모든 것을 알게 될 것이다. 이 책이 보여주는 것은 속임수나 단기적인 미봉책이 아니다. 불안을 근절하기 위한 종합적이고도 쉽게 적용 가능한 시스템이다. 이 책을 늘 가까이에 두도록 하자. 시간을 들여 이 책에서 배운 내용을 실행에 옮겨보자. 오데스키 박사가 당신을 이끄는 대로 따르자. 당신의 삶은 변하게 될 것이다. 그리고 마침내 당신을 자유롭게 하리라.

-존 더피(『여유 있는 부모The Available Parent』의 저자)

머리말

나는 방에 앉아 사방의 벽이 나를 향해 천천히 옥죄어오는 것을 느꼈다. 도망칠 곳이 없었다. 이곳은 내가 가장 안전하다고 느끼던 장소였으니까. 이제 나는 이곳에서조차 흔들리는 땅에 서 있는 것처럼 느껴졌다. 나는 벌벌 떨고 있었고 마치 가슴 위에 콘크리트 블록이 얹힌 듯 느껴졌다. 눈물이 흘렀다. 하지만 눈물을 멈추기 위해 내가 할 수 있는 일은 없었다. 나는 풀려나리라는 희망도 없이 감정의 감옥에 갇힌 듯 느껴졌다. 나는 마음을 추스르기 위해 거울을 보았다. 그리고 그곳에 비친, 거의 알아볼 수 없는 한 사람을 응시했다. 이 순간 나는 내가 불안에 관해 무엇인가를 해야만 한다는 것을 깨달았다. 그러지 않으면 불안은 나를 갉아먹고 내 삶을 좌지우지할 것이다.

10여 년 전 임상심리사로서 갓 자격증을 취득한 후, 불안은 회오리처럼 나를 휘감았다. 내 인생은 모든 면에서 잘 풀려나가고 있었다. 나는 내가 사랑하는 남자와 결혼했고 이 남자와 함께 미래를 만들어갈 것이다. 힘겨웠던 대학원 생활은 끝났다. 나는 내 전문 분야에서 일자리를 잡았고 마침내 생계를 꾸려갈 만큼 안정적으로 돈을 벌게 됐다. 동료들은 내가 자격시험을 통과한 것을 축하해줬고 나는 승진을 했다. 그래, 객관적으로는 모든 일이 수월하게 풀렸다. 그러나 내면에서는 정반대의 일이 벌어지고 있었다. 나는 갑자기 심각한 불안과 싸우는 내 자신을 발견했다.

나는 공포에 떨며 잠에서 깨어났고, 내 능력에 의심을 품었다. 그리고 무엇보다도 이 모든 일이 이성적으로는 말이 안 된다는 점이 최악이었다. 이제야 훨씬 스트레스를 덜 받으면서 마감에 쫓기지 않는 삶을 살게 되었는데, 그리고 어느 정도는 여유가 생겼는데, 그런데 어떻게 이런 갑작스럽고도 극심한 불안이 생겨났는가? 또한 나는 심리학자로서 이런 불안을 느껴서는 안 된다고 생각했다. 따라서 나는 얼굴에 미소를 띠고 모든 일이 다 잘 풀리는 척하며 살아갔다. 그리고 예상하다시피 상황은 더 나아지지 않았다. 나는 더욱 고립감을 느낄 뿐이었고 불안은 계속됐다.

해결책을 찾기 위해 나는 손에 집히는 대로 모든 것을 읽었다. 내 어린 시절과 결혼, 커리어를 되짚어봤다. 나는 학술지를 파고들었고 내 인생의 선택들을 평가했으며 전문상담을 받았으나 거의 위안을 얻지 못했다. 나는 모든 방법을 시도해보고 전문서적뿐 아니라 동네 책방들도 뒤졌다. 나는 강박적으로 읽어댔으나 내 불안을 해소해주지 못하는 지식들만 얻었을 뿐이었다. 돌이켜 생각해보면 나는 책을 읽는 것이 불안을 미연에 방지해줄 방법이라고 믿었다. 나는 내가 배운 방법들을 적용했지만 서둘러 다음 차례로 넘어가곤 했다. 불안을 해결할 수 있는 성배를 찾길 바라면서 말이다.

마침내 나는 불안과의 싸움 자체가 문제라는 주장을 접하게 됐다. 내가 불안하다는 사실을 받아들여야 하며, 이런 영향에서 벗어나기 위해 끊임없이 고군분투하지 않고 인생을 살아야 한다는 이야기였다. 받아들이기 어려운 개념이었다. 나는 이 적과 싸우기 위해 수많은 시간과 에너지를 쏟아왔다. 그리고 이제 굴복해야만 하는 것이었다. 평화와 불안이 공존하기 위해서는 시간과 자기반성이 필요했다.

일단 이 주장을 받아들이게 되자, 나는 서류상으로 훌륭한 내 인생이 너무 편안하기만 했다는 사실을 되돌아보게 되었다. 나는 인생을 살면서 거의 위험을 감수하려 하지 않았고 그것이 내 불안을 부채질했다. 나는 필수적인 위험들을 추구하며 내 인생을 불편하게 만들어갔다. 나의 내성적인 성향을 무릅써야만 하는 상황들로 스스로를 밀어 넣었다. 그리고 나를 점점 더 불편하게 만드는 활동들을 해나갔다. 나는 편안한 직장을 떠나 혼자 힘으로 개업을 했다. 내가 바라듯 하룻밤 안에 모든 일이 이루어지지는 않았지만, 내가 바른 방향으로 가고 있다는 것은 알 수 있었다. 내 기분이 점점 더 나아지고 있었기 때문이다. 나는 예전의 내 모습을 이해하기 시작했다. 그리고 나는 예전의 내가 아니었다. 더 용감해졌고 더 이상 불안을 두려워하지 않았다.

돌이켜보면 심리학 박사 학위를 가지고서도 내게 심각한 불안을 관리할 수 있는 능력이 없었다는 점이 당황스럽다. 나는 수많은 연구와 임상 경험, 개인적인 관찰이 쌓이고 나서야 공황과 불안을 관리하기 위한 UNLOCK 시스템을 창안해낼 수 있었다. 현재 나는 시카고에서 불안치료를 전문으로 하는 개인진료소를 성공적으로 운영하고 있다.

이 책에서 최선의 결과를 얻기 위해 명심할 점

당신이 다른 불안장애 환자들과 비슷하다면, 아마 이 책은 당신이 답을 구하고 도움을 얻기 위해 손에 쥔 첫 번째 책이나 시도는 아닐 것이다. 사실 뭔가를 읽고 해결책을 찾으려는 행위 자체가 불안이 야기한 혼란을 가라앉힐 수 있는 방법이 되기도 한다. 나도 잘 안다. 나는 불안장애에 시달리는 수많은 환자와 일했고 그들의 이야기를 들으며 이 책을 쓰기 위한 동기를 얻었다. 이제는 뭔가 다른 시도를 해볼 때다. 이제는 더 나아질 때이자 당신의 삶을 되찾을 때다.

정말 가까운 한 친구가 당신에게 계속 거짓말을 하고 헛소문을 퍼뜨리며 당신의 물건을 훔친다고 상상해보자. 언제까지 그 친구가 절친으로서 당신의 가장 은밀한 비밀과 꿈, 희망을 나눌 수 있는 사람으로 남을 수 있을까? 언제까지 그 친구의 이야기를 가감해서 듣거나 노골적으로 무시하는 일 없이 계속 귀 기울일 수 있을까? 언제까지 그 친구에게 조언을 구하거나 함께 시간을 보내자고 청하게 될까? 아마도 그리 오래가지는 않을 것이다. 그리고 꽤나 빨리 결단을 내리게 될 것이다.

이것이 바로 불안이 당신에게 밤낮으로 저지르는 일이다. 불안은 당신에게 거짓말을 한다. 미래에 대한 헛소문을, 그리고 그 미래가 당신에게 어떤 영향을 미칠지에 대한 절반뿐인 진실을 들려준다. 당신의 시간과 주의력과 에너지를 훔쳐 간다. 불안은 능숙한 거짓말쟁이다. 너무 능숙해서 우리 대부분은 무슨 일이 벌어지고 있는지 깨닫지 못할 정도다. 우리가 알고 있는 것은 그저 불안이 사라지기를 바란다는 점이다.

보통 이런 종류의 책은 급하게 읽어치우거나 몇 가지 해결책을 얻기 위해 대충 훑어보게 마련이다. 이 책만큼은 그러지 않기를 바란다. 이 책에 나오는 기술들을 연습할 시간을 갖고 당신이 습득한 정보들을 간직할 수 있기를 바란다. 천천히 쉽게 달리는 사람이 이기는 게임이니까 말이다! 우선 이 책을 한 번 훑어보기를 권한다. 그리고 두 번째 읽을 때는 좀 더 정독해주길 바란다. 정보들을 전반적으로 이해하기 위해 시간을 충분히 들이자. 연습문제들을 읽고 실천해보자. 스스로를 위해 이런 시간을 따로 정해두자. 당신은 지금껏 충분히 고군분투해왔다. 그러니 공황과 불안을 무찌르는 방법을 배우고 터득할 자격이 충분하다.

이 책은 공황과 불안을 다스리는 UNLOCK 시스템을 활용하기 위한 실용서다. 이 책은 네 부분으로 구성되어 있다. 1부에서는 공황과 사회불안장애를 이해하기 위해 필요한 기본지식들을 안내한다. 2부에서는 관련된 사고과정을 더 깊이 파헤치고 공황과 사회불안장애를 관리하기 위한 계획의 각 단계를 소개한다. 3부에서는 각 단계를 실행에 옮기기 위한 계획을 세운다. 4부에서는 당신이 거둔 성과를 유지하는 한편 공황과 불안을 다스리는 과정을 지속하고 강화시킬 수 있도록 평생의 습관을 들이는 것에 초점을 맞춘다.

나는 이 책에서 당신이 일상생활에 적용할 수 있는 여러 연습문제를 소개할 것이다. 또한 당신이 불안에 대해 생각하는 여러 방식에 도전하고 새로운 접근법을 시도해볼 수 있도록 격려할 것이다. 당신은 공황과 사회불안장애를 치료하기 위한 접근법들이 어느 정도 중복되며 유사성이 있다는 것을 발견하게 될 것이다. 어쩌면 불필요하게 보일 수도 있으나 이 둘 사이에는 분명 겹치는 부분이 존재하며 두 가지 모두를 살피는 것은 핵심개념을 보충하는 데 도움이 될 것이다. 이런 기대를 바탕으로 학습효과는 실질적으로 향상될 것이다. 프로그램 전체를 차근차근 훑어가면서 당신이 터득한 기술들이 공황과 사회불안장애 외의 상황을 다스릴 수 있는 능력으로 이어진다는 점에 주목하게 될 것이다. 문제가 발생했을 때 공황과 불안을 견디는 힘은 시너지 효과를 낸다. 발전은 보통 우리 인생의 다른 분야까지 퍼지게 마련이다.

내가 불안에서 비롯된 정보들 중 숨은 거짓말들을 찾아낼 수 있기까지는 수많은 훈련과 연구, 개인적 관찰이 필요했다. 나는 내 환자들과 이를 공유해오고 있다. 나의 환자들은 불안 때문에 인생을 살면서 필요하거나 하고 싶은 일들을 방해받지 않도록 저지할 준비가 되어있는, 당신과 같은 사람들이다. 그리고 이제 나는 이 사실을 당신과 함께 나누려고 한다.

제1부

공황과 불안

공황과 불안 이해하기

....

"회복하고 싶다면… 당신이 어떻게 갇혀버리게 됐는지를 인식해야 한다."

– 프리츠 펄스

공황 및 불안을 극복하기 위한 프로그램을 적용하기에 앞서 이 두 가지 개념을 이해하는 것이 무엇보다 중요하다. 우리는 공황과 불안, 공포에 대한 정의부터 시작해 공황과 불안의 차이점, 불안과 공황의 근원 등을 알아볼 것이다.

공황발작이란 무엇인가?

"저는 달려요. 숨을 헐떡이면서요. 제가 살아남을 가능성이 거의 없다는 걸 알죠. 토네이도가 바짝 쫓아와 결국 저는 잡히고 말겠죠. 하지만 어쩔 수 없어요. 도망치고 어디론가 달아나 목숨을 건져야 해요. 그 어디에도 숨을 곳은 없어요. 그저 너른 들판이 펼쳐져 있을 뿐이에요. 탈출하리란 희망은 전혀 없어요. 사실은, 단 한 번도 토네이도에 쫓겨본 적이 없어요. 그러나 공황발작이 일어날 때는 그런 느낌이 들죠. 죽을 둥 살 둥 필사적으로 도망치려 노력하지만 결국 나로서는 어찌할 수 없는 힘에 잡아먹히고 마는 거예요."

"직장에서 커다란 냉동고에 갇혀요. 공기가 희박해져가는 것처럼 느껴지죠. 이제 곧 정신을 잃을 것 같다는 기분도 들어요. 주변엔 아무도 없고, 희망도 없죠. 그렇게 저는 식은땀을 흘리며 잠에서 깼어요. 저는 한 번도 음식점에서 일해본 적이 없어요. 사무실에서 일하죠. 하지만 공황발작이 일어나면 그런 느낌이 들어요."

"야생에서 사자가 공격해올 때 그 사자를 볼 수 없다는 이야기를 들었어요. 사자가 머리 위로 덮치는 순간에야 보인다는 거죠. 그리고 그때가 당신이 곤란한 상황에 처했다는 걸 알게 되는 순간이에요. 저에게는 공황발작이 일어날 때가 그래요. 어디인지 알 수 없는 곳에서 슬며시 다가오죠. 그리고 갑자기 저는 도망갈 구멍이 없다는 걸 알게 돼요."

"마치 이런 영화랑 같아요. 혼자 집에 있는데 어느 순간 집 안에 연쇄살인범이 함께 있다는 걸 깨달아요. 그러면 숨도 제대로 못 쉬며 도망 다니죠. 안전하게 숨을 곳을 찾을 수 있길 바라면서요. 그리고 마침

내 그런 장소를 찾는 순간 그 살인범과 얼굴을 마주하게 되죠! 연쇄살인범 따위는 없고 위험에 처해있지 않다는 것도 알아요. 하지만 탈출하고 싶다고 온몸으로 원하는 거예요."

앞서 말한 예들은 사람들이 공황발작을 일으켰을 때 어떤 느낌인지 묘사한 내용 중 일부다. 위협감과 탈출해야 한다는 압박감은 너무나 현실적이다. 단지 이치에 맞지 않다는 점만 빼고 말이다. 우리가 애써 도망치려 하는 연쇄살인범은 존재하지 않는다. 우리를 공격하려 드는 사자도 없다. 그럼에도 불구하고 우리는 아드레날린이 분출하는 것을 느낀다. 아드레날린은 마치 우리가 정말로 스스로를 지킬 필요가 있는 것처럼, 우리를 일생일대 가장 빠른 속도로 달려 나가도록 몰아치기에 충분한 기세로 온몸으로 퍼진다.

불합리하다고 믿으면서도 우리 몸은 우리에게 "살고 싶으면 뛰어!"라고 말한다. 그리고 이 신체적 경보는 무시하기 어려우리만큼 우리를 옥죈다. 악당은 존재하지 않으며 그 누구도 당신을 쫓지 않는다는 것을 알고 있을 때조차 마찬가지다. 당신이 애써 빠져나오려 하는 토네이도가 오지 않을 때도 그렇다. 이 책은 여섯 단계로 구성된 간단한 과정을 통해 공황발작뿐 아니라 다른 불안 관련 문제를 극복할 수 있는 시스템을 제안한다. 그 과정으로 접어들기 전에 우선 공황과 불안, 공포를 정의해보자.

공포는 우리가 실제로 위험에 빠졌거나 위험이 존재한다고 인지했을 때 이를 알려주는 내면의 경고다. 공포는 도로로 갑자기 뛰어든 어린아이를 치지 않기 위해 브레이크 페달을 재빨리 밟도록 도와주는 존재다. 이는 우리를 안전하게 지켜줄 수 있는 내재적 장치다. 이에 비해 불안은 미래에 발생할 일에 대한 반응으로서 즉각적인 위험이나 위협이 존재하지 않는 상태에서 경험하게 된다. 우리는 모두 일시적인 불안이라는 정상적인 감정을 경험한다. 예를 들어 구직 면접이나 중요한 시험을 앞두고 약간의 불안을 느끼는 것은 정상이다. 불안이 만성적이거나 마음속 구석구석 스며있을 때, 또는 스트레스 요인에 비해 과다할 때 불안장애가 된다. 불안이 빠르고 강력하게 정점을 향해 치달리면 이를 공황발작으로 정의할 수 있다. 우리는 이미 공황발작이 일어났을 때 어떻게 느껴지는지에 관한 몇 가지 예를 살펴봤다. 다음은 공황발작에 대한 임상적 정의다.

다음 증상 중 네 가지(혹은 그 이상)가 갑작스레 발생해 10분 내에 최고조로 이르는 강렬한 공포나 불편함이 지속되는 불연속적인 주기(절정에 이르는 시간이 당신에게는 훨씬 길게 느껴질 가능성이 높다).

- 심계항진. 가슴이 두근거리거나 심장박동수가 높아진다.
- 땀을 흘리거나 매우 덥다고 느낀다.
- 몸이 떨리거나 후들거린다.

- 숨이 가빠지거나 질식할 것처럼 숨 쉬기 어려운 느낌이 든다.

- 목이 막힌 듯한 느낌이 든다.

- 가슴에 통증이 느껴지거나 불편하다.

- 메스꺼움이나 복부 불편감이 느껴진다.

- 어지럽거나 불안정하거나 머릿속이 멍하거나 쓰러질 것 같다.

- 현실감이 사라지고(비현실적인 느낌) 꿈속에 있는 듯하다.

- 이인증(자기 자신에게서 분리됨)이 나타나고 자신 주변에서 벌어지는 일들을 저 멀리 떨어져서 보는 듯한 느낌이 든다.

- 통제력을 잃거나 미칠 것 같은 공포를 느낀다.

- 죽을 것 같은 공포를 느낀다.

- 감각 이상(마비 또는 따끔거림)이 손이나 발끝에서 느껴진다.

- 오한이나 열감을 느낀다.

공황의 생리

투쟁-도피 반응

우리의 투쟁-도피 반응은 강력하고도 예측 가능한 선천적인 반응이다. 우리 몸이 생존을 위해 사용하는 방식이기도 하다. 이는 두 뇌에서 먼 대근육으로 피를 보냄으로써 우리가 생명을 위협받는 비상사태에 포식자로부터 확실히 도망칠 수 있도록 한다. 체온은 올라가고 반응시간이 단축되며 호흡과 심박수는 빨라진다. 자신의 생명을 보호할 수 있는 방식으로 반응할 준비가 된 것이다. 대근육으로 혈류가 향하면서 약간 어지럽고 아찔한 느낌을 받게 되지만 이는 위험한 것으로 간주되지 않는다. 지금 벌어지는 일은 생명을 위협하는 상황이 발생했을 때 당신이 완전히 경계태세에 접어들었고 행동을 할 준비가 되어있다는 의미다.

호흡

우리의 호흡은 공황발작이 일어났을 때 빨라진다. 우리는 마치 공기가 부족한 것처럼 느끼거나 질식할 것 같은 느낌을 경험할 수 있다. 이에 반응해 우리는 더 깊은 숨을 들이마시기 위해 입을 벌릴 수 있다. 또한 긴장이완을 위한 여러 호흡법을 실시하면서 호흡을 가다듬으려 시도하기도 한다.

나는 다양한 호흡법을 권하는 수많은 전문가에게 반론을 제기하려 한다. 이런 방법들이 당신의 불안 수준을 낮추는 데 도움이 될 수는 있지만 공황장애에는 소용이 없다. 공황발작이 일어나는 동안, 또는 공황발작에서 벗어나기 위해 당신의 방식대로 호흡을 하려 하겠지만 이는 아무런 소용이 없거나 실질적으로 공황을 악화시킬 가능성이 높다.

생리학적으로, 우리가 올바른 호흡법을 연습한다고 생각하는 동안 실질적으로 하는 행동은 숨을 깊게 쉬는 것이다. 우리 대부분은 가능한 한 많은 공기를 들이마시기 위해 입을 크게 벌리는데, 이런 행동은 실질적으로 공황장애 증상을 악화시킬 수 있다. 아마도 과호흡 증상이 먼저 시작될 것이다. 이는 어지러움이나 쓰러질 것 같은 느낌, 아찔함 등 같은 공황장애 증상 중 하나로, 입을 크게 벌리고 하는 심호흡에 의해 실제로 생겨날 수 있다.

우리가 심호흡을 하지 않고 공황 증상을 통제하기 위해 제대로 된 방법으로 호흡을 한다고 해도 우리는 착각 속에서 움직이는 것이다. 즉, 우리는 자신의 몸의 자율 기능을 대신하여 의도적으로 호흡해야 한다고 믿기 시작한다. 그렇다면 공황발작이 일어나는 동안 호흡을 하기 위해 실제로 어떻게 해야 할까? 정답은 '아무것도 하지 않는다'이다! 그냥 입을 다문 채 자신의 몸에 대해 간섭하지 말아야 한다. 우리 몸은 어떻게 숨을 쉬어야 하는지 알기 때문이다. 몸이 스스로 회복하도록 내버려 두는 것이 최선이다. 당신이 호흡법 마니아이며 호흡법이 도움 된다고 느낀다면 그대로 따라도 좋다. 단, 공황발작 동안에는 그러지 말자. 내 경험에 따르면 호흡법은 전반적인 스트레스 지수를 줄이는 훌륭한 방법이며 규칙적으로 연습할 때 그 목적을 제대로 달성할 수 있다. 책 후반부에서 이에 대한 더 많은 내용을 다루려고 한다.

✔ 과호흡을 멈추기 위한 꿀팁

공황발작 동안 과호흡을 멈추기 위해 가장 중요한 것은 입을 꽉 다물어서 입으로 호흡하지 않도록 하는 것이다. 입을 열고 숨을 쉬는 것은 우리가 원하는 것과 정반대의 결과를 낳는다. 공황발작을 개선하는 것이 아니라 악화시킨다.

공황과 불안의 차이

....

"진정한 행복은 미래에 불안하게 의지하지 않고 현재를 즐기는 것이다."

- 세네카

내가 환자들에게 가장 많이 받는 질문 중 하나가 "제가 공황발작을 일으켰는지 아니면 그냥 불안장애인지 어떻게 알죠?"라는 것이다. 공황발작은 무섭고 겁이 나며 자신이 마치 통제할 수 없는 상황에 처한 것처럼 느껴지는 것이다. 보통 빠른 시간 내에 절정에 이르며 호흡수에 영향을 미치고 심박수가 더 빨라지게 하는 강한 신체적 증상과 함께 갑자기 나타난다.

이와 대조적으로 불안은 흔히 며칠 또는 몇 주간에 걸쳐 쌓이는 주관적인 느낌이다. 공황발작으로 이어지지 않고 지나가버릴 수도 있고 공황발작 사이에 일어날 수도 있다. 불안은 위험이 존재하지 않는 때에 생기는 공포에 견줄 수 있으며 미래에 대한 시나리오 때문에 나타나기도 한다. 무엇인가가 잘못되고 있다는 느낌이 든다. 즉, (딱히 위험하지 않더라도) 피해야 할 무엇인가가 있다는 걱정과 두려움 또는 마비 증상을 느끼는 것이다. 안절부절못하거나 긴장하거나 마음 졸임을 경험할 수 있고, 쉽게 피로를 느끼거나 좀 더 산만해지면서 집중하는 데 어려움을 느낄 수도 있다. 또한 쉽게 화를 내거나 근육긴장, 위장장애, 불면증 등을 겪기도 한다. 다음의 두 이야기는 불안과 공황이 어떻게 느껴지는지에 대한 것이다.

잭은 갑작스레 나타나는 공황발작을 여러 차례 겪은 뒤 치료를 받으러 내원했다. 그는 공황발작이 일어날 때 심장이 빠르게 뛰고 숨을 제대로 쉴 수 없으며 마치 기절할 것처럼 느껴진다고 묘사했다. 그리고 자제력을 잃고 무슨 일을 저지를까 봐 두려워했다. 실제로 그런 일이 일어난 적이 단 한 번도 없었음에도 불구하고 말이다. 그가 원하는 것은 그 상황에서 벗어나 안전해질 수 있는 편안한 장소에 있는 것이었다. 잭은 정말 사랑하는 여성과 결혼을 약속한 상태였다. 그는 가까운 미래에 그녀와 가족이 된다는 생각에 들떠 있으면서도 자신이 결혼식 중간에 정신을 잃을까 봐 공포에 떨었다. 결혼식은 성당에서 한 시간 이상 진행될 예정이었다. 모든 사람이 그에게 집중할 것이기 때문에 그는 공황발작이 일어나더라도 '눈에 띄지 않게 슬그머니 빠져나가는' 것은 불가능하다는 점을 매우 걱정했다.

카렌은 직장에서 겪는 심각한 불안 증세 때문에 상담을 받으러 왔다. 그녀는 최근 승진했고 회의할 때 앞에서 발표해야 하는 경우가 많아졌다. 카렌은 사람들 앞에서 이야기하는 것을 무서워했다. 그녀는 스스로 당황하거나 다른 사람들이 그녀를 능력 있는 전문가가 아니라고 생각할 만한 언행을 하게 될까 봐 걱정했다. 발표 전날 밤이면 그녀는 한숨도 자지 못했고 남편이나 친구에게 쉽게 짜증을 낸다는 것을 깨달았다. 카렌은 이런 발표 자리가 자신의 새로운 지위에서 성공하기 위한 핵심이라는 점을 알았고 따라서 크나큰 고통을 감내해야만 했다. 그녀는 발표를 하는 도중에 공황발작을 경험하지는 않았지만 손바닥은 땀으로 흥건해지고 목소리는 떨렸다. 이 때문에 그녀는 더욱 남의 눈을 의식하게 됐고 과하게 발표 준비를 하며 이를 극도로 두려워하는 자신을 깨닫게 됐다.

잭과 카렌(둘 다 모두 가명이다)은 치료를 시작할 당시 꽤나 고통을 겪고 있었다. 잭에게는 공황장애가 있었고 카렌은 사회불안장애를 겪고 있었다. 진단은 오직 정신건강전문의만 내릴 수 있지만, 앞의 두 예시는 당신이 경험하고 있을 증상들에 대해 어느 정도 단서를 제공한다.

무엇이 불안을 야기하는가?

불안의 원인을 설명하기 위한 훌륭한 아이디어들이 존재한다. 또한 나는 과학계가 이 주제에 대해 어떻게 믿고 있는지를 공유하려한다. 불안장애나 공황발작을 일으키는 주요 요소에는 생물학과 학습, 그리고 외상적 사건과 같은 스트레스 등이 있다.

불안에는 생물학적 요소가 작용한다. 어떤 사람들은 좀 더 불안해하는 기질을 가지고 태어난다는 것을 우리는 안다. 이는 사람에 따라 스트레스를 주는 상황이나 사건을 두고 쉽게 또는 민감하게 불안을 느끼거나 반응한다는 의미다.

또한 우리는 불안에 학습 요소가 작용한다는 것을 안다. 학습 이론은 학습을 통해, 그리고 위험하지 않은 특정 상황과 불안반응을 연관시키면서 불안을 습득하게 된다고 본다. 이는 우리가 누군가의 불안반응을 목격했을 때 그 반응이 필수적인 것으로 배우게 된다는 의미다. 특히 어린아이들은 주변 환경을 통해 위험과 안전에 대해 배운다. 이는 당신에게 불안한 부모나 양육자가 있었다면, 당신은 불안해하는 경향을 물려받았을 수 있으며 위험이 부재한 상황에서 불안을 유발하는 반응들을 배우게 됐을 수도 있다는 의미다.

여기에는 행동적 학습과 인지적 학습이 포함된다. 행동적 학습은 특정 상황에서 어떻게 행동하는지 배우는 것이다. 불안을 자극하는 상황을 피하는 학습도 여기에 포함된다. 인지적 학습은 우리가 상황에 대해 어떻게 생각하고 평가하는지에 관한 것이다. 즉, 특정 상황에 '불안자극'이나 '불편함' 대신 '위험'이라는 표식을 달게 되는 것이다. 또한 우리가 사는 세계는 위험할 뿐 아니라 그 위험에 대처하는 우리의 능력이 부족하거나 불충분하다는 믿음을 갖도록 부추기기도 한다.

트라우마 역시 불안의 발달과 관련이 있다. 특히 어린 시절 외상적 사건에서 살아남았거나 목격한 경우, 이는 두뇌의 변화로 이어지며 훗날 불안장애가 발생할 가능성이 높아진다. 우리가 트라우마로 정의할 수 있는 경우는 다양하며, 강아지에게 물리는 일부터 전쟁에서 살아남는 일까지 모두 포함된다. 우리는 또한 이런 사건들이 자동적으로 불안장애를 낳는다거나 꼭 그랬어야 하는 운명이 아니라는 것을 안다. 단지 불안장애를 일으킬 가능성이 높아질 뿐이다.

내가 임상 경험을 통해 마주하게 된 가장 중요한 질문은 바로 "내가 무슨 일을 저질렀기에 불안이나 공황장애를 얻게 되었나?"다. 이 질문은 이성적으로 들리지도 않고 이성적이지도 않다. 그러나 나는 공황이나 불안장애에 '발목 잡히거나' '당해 마땅한' 일을 저질렀다고 믿는 미신을 떨쳐버리는 것이 일반적으로 도움이 된다는 것을 발견했다. 더 확실히 말하자면, 당신이 저지른 일은 아무것도 없으며 공황이나 극심한 불안을 겪는 것은 당신 탓이 아니란 것이다. 여기까지다. 당신은 오직 공황이나 불안에 어떻게 반응할 것인지를 선택하는 것에만 책임이 있다. 위대한 조지 버나드 쇼가 말했듯이 "우리는 과거에 대한 기억이 아닌 미래에 대한 책임 때문에 현명해지는 것이기" 때문이다.

제 2 부

공황과 불안을
다스리기 위한
실행단계

UNLOCK 시스템

....

"고통과 불안을 경험하려는 노력과 의지 없이는 그 누구도 성장할 수 없다.
아니, 그 누구도 가치 있는 것을 얻지 못한다."
- 에리히 프롬

1부에서는 공황과 불안의 기본개념에 대해 알아보았다. 이제 이와 관련한 사고과정을 살펴보자. 여기에는 공황과 불안에 관한 믿음 및 이 둘이 당신의 사고에 영향을 미치는 방식이 포함된다. 또한 공황과 사회불안을 다스리기 위해 필요한 단계들도 살펴볼 것이다.

진료실 의자에 앉은 제인의 모습은 쓸쓸해 보였다. 제인은 자신이 묘사하는 불안에 압도당한 듯했고, 이에 맞서 뭔가를 하기에는 스스로 무능하다고 느꼈다. 그녀의 인생은 불안을 피하기 위해 고안된 안전한 일과의 연속이 되었다. 그녀는 집 가까운 곳에서 일하기 위해 직업을 바꿨다. 일을 하거나 가끔 볼일을 보는 것 외에는 집에서 거의 나오지 않았다. 가장 최악인 것은 그녀가 또다시 불안발작이 일어나길 기다리며 영원히 두려움에 떨고 있다는 점이었다. 그녀는 겁먹은 듯했고 불안은 그녀가 전혀 바라지 않았던 인생을 살도록 그녀를 바꿔버렸다.

제인은 스스로 나아질 수 있는 해결책을 바랐다. 그녀에게 필요한 것은 자신만의 삶을 살고 인생의 방향을 결정지으며 자유를 누릴 수 있도록 그녀의 능력을 해방시켜주는 것이었다.

UNLOCK 시스템은 이에 대한 답이 된다. 여러 연습문제를 통해 나는 당신을 공황과 불안의 족쇄에서 풀어주고 당신의 삶과 잠재력, 정서적 자유를 해방시켜줄 프레임워크를 제안하려 한다. 공황과 불안을 모두 충분히 이해하게 됐으니 이제는 공황과 불안을 극복하는 여정을 시작하기 위해 UNLOCK 시스템을 살펴보자.

1단계: 공황과 불안 이해하기Understand

1단계는 불안과 공황의 증상과 주기를 이해하는 것을 포함한다. 그 다음에 우리는 공황과 불안에 관한 미신들을 파헤쳐보고, 마지막으로 불안을 조절하려는 여러 가지 시도가 어떻게 의도치 않게 상태를 악화시키는지 살펴봐야 한다. 불안을 이해함으로써 당신은 공포가 아닌 지식을 바탕으로 치료법에 접근할 수 있게 된다. 그러면서 당신의 증상과 이를 어떻게 다루어야 할지에 대한 인식을 높여야 한다. 이런 지식으로 무장했을 때 어떤 방법이 불안을 잠재우고 어떤 방법이 불안을 악화시키는지 더욱 잘 판단할 수 있다. 진료실에서 나는 환자들이 자신의 증상에 대해 이해하게 됐을 때 처음으로 안도의 표정을 떠올리는 모습을 보게 되는 경우가 많다.

조와 함께한 시간은 언제까지나 기억에 남을 것 같다. 그는 응급실로 두 번이나 실려 온 후 치료사에게 연계된 탓에 매우 불안해하고 있었다. 그는 두 경우 모두 심장마비가 오는 것 같은 느낌 때문에 응급실에 간 것이었다. 그러나 몇 시간에 걸쳐 꼼꼼히 진찰을 받은 결과, 의학적으로는 문제가 없으며 공황발작을 일으킨 것이라는 진단을 받았다. 여기서 다시 한 번 말하지만 조가 들은 이야기는 이게 전부다. 그는 그 이후 치료사에게 연계됐고 그렇게 내 앞에 앉게 되었다. 공황발작이 무엇인지도 잘 알지 못하는 채였다. 나는 조의 예가 드문 일이라고 말하고 싶지만, 실은 그렇지 않다. 응급실은 바쁜 곳이고 많은 사람이 자신의 증세가 무엇을 의미하는지 전혀 알지 못한 채 그곳에서 나온다. 내가 잠시 동안 조에게 공황발작을 겪을 때 몸에서 어떤 일이 일어나는지 정확히 설명해주자, 그는 눈에 띄게 편안해졌다. 이런 이해만으로도 그는 자신의 상황에 대해 훨씬 낫다고 느꼈으며 스트레스를 크게 줄일 수 있었다.

2단계: 공황과 불안이 하는 거짓말 부인하기^{Negate}

공황과 불안은 예측 가능한 방향으로 당신을 속인다. 하지만 공황발작이나 불안발작이 일어났을 때는 그 거짓말을 깨닫는 것이 쉽지 않다. 이제 당신은 거짓말을 구분하고 이에 반박하는 법을 배우게 될 것이다. 즉, 그 거짓말이 틀렸다는 사실과 이를 어떻게 무력화시킬 수 있는지 알게 된다는 의미다.

그러고 나서 당신은 불안한 사고와 믿음을 인정하고 이를 떨쳐버리는 법을 배우게 된다. 일단 불안과 공황이 하는 거짓말을 꿰뚫어 볼 수 있게 되면 이제는 자유로운 몸이 된다. 그리고 마침내 불안과의 투쟁을 끝내게 된다. 투쟁을 거부하고 당신이 진실이라고 알고 있는 것들을 굳건히 붙잡고서 말이다.

3단계: 공포 활용하기^{Leverage}

공포는 우리가 불안에 맞서지 못하도록 방해하는 경향이 있다. 특히 우리 스스로 공포를 믿을 때 그렇다. 이 책에서 당신은 불안과 공황을 극복하기 위해 공포를 유리하게 활용하는 법을 배우게 된다. 우리는 당신의 핵심적인 공포를 확인하는 데에서 시작할 예정이다. 그리고 그 공포를 활성화시킨 후 특정한 순서에 따라 길들임으로써 공포를 정복하도록 할 예정이다.

나는 어린 시절 무술을 배웠다. 어느 날 수업에서 사범님은 도장을 거니시며 말씀하셨다. "상대편보다 네가 몸집이 크지 않을 수도 있어. 하지만 방법만 안다면 상대편의 힘을 활용해 너보다 두 배는 큰 상대를 쓰러뜨릴 수 있어!" 마찬가지로 공포의 힘을 활용하는 것은 당신이 상대편의 힘을 이용할 수 있게 해준다. 이 작업에는 시간이 필요하며 인내심을 가져야 한다. 그렇기는 하지만 이 시점은 당신의 발전에 가속이 붙기 시작한다는 것을 볼 수 있는 때이기도 하다.

4단계: 개방적인Openness 태도 갖추기

공황과 불안은 막다른 길에서 활짝 피어난다. 그리고 우리가 경험과 삶, 궁극적으로는 스스로에게 마음을 닫아버리도록 만든다. 불안은 경계적인 태도를 만들어낸다. 즉, 뭔가 잘못될 수 있다는 모든 경우의 수가 떠오르고 예상될 때만 그 상황에 관여하도록 만드는 것이다. 장기적으로 이는 이미 스트레스를 많이 느끼는 상황에 더 큰 스트레스를 더한다. 그리고 가장 평화롭거나 심지어 기분 좋은 상황에도 긴장감을 부여한다. 이 책을 통해 당신은 더 긍정적인 결과를 얻게 될 가능성에 마음을 여는, 개방적이고 호기심 넘치는 태도를 갖추는 법을 배우게 된다.

5단계: 자기자비Compassion 연습하기

공황과 불안은 인생 전반에 어두운 기운을 드리운다. 그 결과 인생의 우선순위는 충만한 삶을 사는 것이 아니라 앞으로 나타날 불안 증상을 다스리기 위해 끊임없이 노력하는 것으로 바뀐다. 눈앞에 안개가 낀 것처럼 자신의 능력과 재능, 힘에 초점을 맞추는 일이 점차 어려워진다. 인생의 목표와 방향은 희미해진다. 이 책을 통해 당신은 인생의 목표와 가치 있는 방향성, 그리고 자신의 능력을 존중하며 명확하게 보는 법을 배우게 된다. 우리는 가끔 스스로를 가장 가혹하게 재단하고 비판하는 존재가 된다. 불안은 가끔 비판과 수치심을 수반하기도 한다. 그러나 당신은 자기자비의 태도를 갖추는 법을 배우게 될 것이다. 그리고 이를 통해 스스로를 소중히 돌보면서 인생의 목표를 달성하기 위한 열린 마음을 유지하게 된다. 또한 자신의 성공을 인정하는 한편 흔들리거나 실수를 저질렀을 때도 자기 자신을 귀하게 여기는 습관을 기르게 된다.

6단계: 작은 변화로 더 큰 변화를 유발하기^{Kindle}

공황과 불안은 편안히 내버려 두면 더욱 커진다. 공황과 불안에 잠식당하기 전에 행동을 취해야 한다. 당신은 스스로의 발전에 날개를 달아주기 위해 사고방식과 행동을 서서히 바꾸고 추진력을 얻는 법을 배울 것이다. 가끔 이런 점증적인 작은 변화가 이전까지 상상도 하지 못했던 더 크고 넓은 변화로 이어지게 된다. 빈센트 반고흐가 이야기했듯 "위대한 성과는 소소한 일들이 모여 이루어지는 것"이다.

공황의 거짓말

내가 진료를 하며 듣게 되는 가장 긴급한 요청들은 공황 증상을 없애 달라는 것이다. 공황은 대부분의 사람을 당황스럽게 만든다. 당신의 몸과 마음, 감정이 일으키는 극도의 반응은 당신을 집어삼킬 듯 느껴지고 심지어 스스로 정신 줄을 놓아버린 건 아닌지 의문을 품게 한다. 이는 마치 위기처럼 느껴지므로 많은 사람은 이런 증상을 해결하기 위해 가장 가까운 병원 응급실로 달려가게 된다. 그리고 몇 시간 동안이나 기다리며 방치되다가 공황발작을 일으켰다는 이야기나 겨우 듣는 것이다.

공황발작은 또한 당신이 익숙한 방식으로 삶을 살아가는 능력을 저지한다. 사람들은 또다시 닥칠 공황발작을 피하기 위해 일상생활을 제한하게 된다. 현대를 살아가면서 그 어느 때보다 바쁘고 가능한 한 많은 것을 얻기 위해 노력하는 대부분의 사람에게 이는 받아들일 수 없는 일이다. 공황발작은 그저 귀찮거나 간섭받는 느낌에서 끝나는 것이 아니다. 이는 가끔 한 사람의 인생에 닥치는 재앙으로 묘사되기도 한다. '바쁘게' 살면서 '일을 척척 처리해야 하는' 문화 속에서 공황발작은 한 사람의 인생을 실질적으로 멈추게 만들수 있다. 이를 바꾸기 위한 첫걸음은 공황과 불안반응에 관한 거짓말을 물리치고 믿을 만한 정보들을 습득하는 것이다.

거짓말 1: 뭔가 나쁜 일이 벌어졌어요

당신의 머릿속에서 이 거짓말은 '나는 정신 줄을 놓고 있거나 미쳐가고 있어요'라고 들리기도 한다.

진실 공황발작을 일으키는 것은 '정신 줄을 놓고 있거나 미쳐간다'는 신호가 아니다. 이는 공포스럽게 느껴질 수 있는 순수한 심리적 반응일 뿐 현실에 손을 놓는다는 신호가 아니다.

혹은 '나는 죽을 것 같아요, 나는 너무 아파요, 뭔가 제 몸이 이상해요, 심장마비가 올 것 같아요, 내 심장이나 호흡에 문제가 생긴 것 같아요'라고 들릴 수도 있다.

진실 공황장애에 시달리는 사람들은 대부분 이런 생각을 한다. 지금부터 나는 이 생각들이 왜 거짓인지 보여주려고 한다. 분명 불안처럼 느껴지고 당신의 호흡에 영향을 미칠 수 있는 의학적 질환이 존재한다. 당신이 정기적으로 건강검진을 받는 건강한 성인이라면 이런 증상들을 의사에게 이야기하고 의사의 권고에 따라야 한다. 처음 공황발작을 일으킨 사람이 응급실로 가는 것은 드문 일이 아니다. 그리고 여기에서 보통 신체적 원인은 배제된다. 당신이 이전에 응급실을 방문한 경험이 있다면, 또는 이런 증상 때문에 건강검진을 받고 깨끗한 결과지를 받았다면, 보통 의사들은 당신에게 이 문제의 의학적 측면에 초점을 맞추는 대신 불안이나 공황 증상을 치료하도록 조언할 것이다. 만약 또 다른 의사에게 이야기를 듣고 싶다면 당연히 그래도 된다. 사람들이 세 번째나 네 번째 의사를 찾아가는 것은 매우 흔한 일이다. 내 경험상 이런 행동은 불안이 당신에게 하는 거짓말 때문이다. 당신이 두 명의 의사에게 아무런 문제가 없다는 소견을 받았는데도 또 다른 의사를 만난다는 것은 불안이 얼마나 당신의 시간과 에너지, 주의력을 빼앗는지를 보여준다. 이 시점에서 정답은 불안이나 공황을 다스리는 것이다.

불안이나 공황 때문에 고통받던 내 환자들은 모두 "마음속으로 이것이 불안 증상인지, 아니면 진짜 신체적 비상사태나 응급상황인지 알게 됐다"고 말한다. 이는 더 많은 공황이나 불안발작을 겪게 될수록 진실이 된다. 그 누구도 스스로 완벽히 건강하다고 100퍼센트 확신하지 못한다. 그리고 불안은 그렇게 당신의 취약한 부분을 악용한다. 아마도 대부분의 경우 당신은 몸에 문제가 있다고 받아들이고 싶을 것이다. 그렇지 않으면 당신의 선택지는 24시간 내내 당신을 감시하는 기계에 연결된 채 격리병동에서 사는 것뿐일 테니 말이다!

정말로 그럴 필요는 없다. 당신은 불안이 어떤 느낌인지 정확히 안다. 이전에도 공황을 겪어봤으니까. 당신은 자신의 몸에서 그 증상들이 어떻게 느껴지는지 정확히 안다. 그리고 다른 뭔가가 느껴진다면, 그때야말로 의료상담을 받아야 할 때다.

거짓말 2: 정신을 잃고 쓰러져 창피함을 겪거나 다칠 거예요

진실 나는 환자들을 진료하면서 이런 공포에 대해 많이 들었다. 이런 공포는 특히 사회불안장애를 겪을 때 계속된다. 사회불안장애란 난처한 상황을 과장되게 받아들이고 체면이나 명성이 깎이는 고통을 겪거나 심지어 사회적 또는 직업적 무리로부터 축출될 수 있다고 느끼는 공포를 의미한다.

공황발작을 일으키는 동안 기절하는 것은 실제적으로 불가능하다. 정신을 잃기 위해서는 혈압이 떨어져야만 한다. 이는 공황발작 동안 발생하는 상황과는 정반대된다. 즉, 공황발작 시 혈압은 상승한다. 나는 환자들에게 이 정보를 제일 먼저 알려준다. 슬프게도 많은 환자들은 나를 만나기 전에 의사들, 심지어 정신건강전문의들을 여러 차례 찾아갔음에도 이런 정보에 대해 전혀 듣지 못했다.

내가 알기에 불안장애의 범주 안에서 사람이 기절할 수도 있는 단 하나의 예외는 바로 선단공포증needle phobia을 가진 사람이다. 선단공포증은 채혈이나 주사 또는 예방접종을 극도로 두려워하는 증상이다.

물론 불안은 그런 상황이 일어나지 않을 것이라고 100퍼센트 확신할 수 있냐고 당신을 다그치면서 이런 거짓말을 계속 이어가려 할 것이다. 물론 100퍼센트 확신할 수는 없다. 우리는 누군가 정신을 잃을지도 모른다는 가능성을 간단히 지워버릴 수는 없다. 그러나 정신을 잃는 사람이 있다면 이는 공황발작보다는 다른 이유 때문일 가능성이 높다. 나는 당신이 불안장애를 겪고 있는 것이지 기절장애를 가진 것이 아니라고 스스로 다짐하기를 응원한다!

거짓말 3: 절대 끝나지 않을 거예요

당신의 마음속에서 이 거짓말은 '오늘은/이번 주는 망했어. 또 시작이잖아!' 혹은 '나는 언제까지나 공황장애에 지배당할 거야', '지금 약간 불안한데, 하지만 이제 더 심해질 거야'와 같이 들릴 수도 있다.

진실 도움이나 개입이 없어도 공황반응의 지속시간은 최대 10분 남짓에 불과하다. 나는 이 반응 자체가 마치 영겁처럼 느껴진다는 것을 안다. 하지만 대부분의 사람이 두려워하는 것은 이것이 아니다. 사람들이 공포를 느끼는 이유는 일단 공황발작이 시작되면 하루, 며칠, 심지어 몇 주간 지속되는 길고 스트레스 받는 불안주기로 이어질까 봐 우려해서다.

나는 환자들이 며칠이나 공황발작이 지속된다고 장담하면서 눈썹을 찌푸리거나 의아한 표정을 짓는 것을 자주 본다. 핵심부터 말하자면, 그 며칠 동안 벌어지는 일은 불안의 더 낮은 수준과 더 높은 수준 사이에서 주기를 반복하되 공황발작까지는 진짜로 도달하지 않는다(이에 대해 어떤 조치를 해야 하는지는 책 후반부에서 이야기하겠다).

나는 당신에게 공황발작을 눈가 경련 정도로 생각하라고 부탁하려 한다. 눈가 경련은 단순한 신체적 반응이다. 뜬금없이 눈가 경련이 일어났을 때 매우 짜증난다고 느낄 것이다. 일반적으로 더 많은 주의력과 에너지를 쏟을수록 우리는 더 많은 스트레스를 받게 되며 눈가 경련이 멎을 가능성은 더 낮아진다. 눈가 경련을 막기 위해서 우리는 이를 그대로 받아들이고 우리 몸이 스스로 회복하도록 해야 한다. 그럼으로써 우리의 정서적 고통(짜증이나 난처함)은 감소되고 우리의 생리는 자기 페이스대로 자동 조정된다.

여전히 10분이 너무 길게 느껴진다면, 이 주기를 단축시킬 수 있는 기술들이 있다. 다만 이 기술들은 일단 당신이 불안과의 심리전을 이해하고 이겨내야만 도움이 된다. 공황이 당신에게 해롭지 않다고 믿는다면 당신은 당신 몸이 아무 간섭 없이도 제자리로 돌아오게 할 수 있는 위치에 서게 된다. 여전히 확신을 얻지 못했다면 당신은 아마도 다음에 나오는 불안의 거짓말을 믿고 있을 것이다.

거짓말 4: 불안은 위험하거나 내게 나빠요

진실 불안은 위험하지 않다. 공황 역시 마찬가지다. 당신의 심장박동수가 운동처럼 일상적인 신체적 과업을 수행하면서 높아진다면, 공황발작이 일어났을 때 심박수가 올라가는 것 역시 전혀 위험하지 않다.

사실 불안을 느끼는 것과 흥분을 느끼는 것은 생리적으로 거울상mirror image이다. 즉, 둘은 신체적 반응에 있어서 동일하다는 의미다. 심장은 더 빠르게 뛰고 호흡은 약간 얕아진다. 체온은 올라가고 몸이 뜨겁게 느껴진다. 그리고 속이 조마조마해지기도 한다. 불안과 흥분은 모두 이런 공통점을 지닌다. 차이는 그저 심리전에서 비롯되는 것이다.

최근 뭔가에 흥분을 느꼈던 때를 잠시 떠올려보자. 당신은 아마도 '이 일이 잘 됐으면 좋겠다', '정말 재미있을 것 같아', '와, 최고의 생각이야!'라는 식으로 생각했을 것이다. 이런 흥분된 생각은 당연히 긍정적이다. 이제 당신이 불안을 느꼈던 때를 회상해보자. 당신은 '아, 이런. 나쁜 일이 벌어지지 않았으면 좋겠다', '일이 잘 안 풀리면 어쩌지? 내가 다 망쳐버리면?'이라는 식으로 부정적인 생각을 했을 것이다. 불안과 흥분이 생리적으로 동일하다면, 그리고 유일한 차이가 당신의 생각이라면, 불안 증상을 바라보고 해석하는 당신의 생각이나 방식을 바꾸는 것이 이 심리전에서 이기는 데 도움이 될 것이다!

자, 이제 더 큰 의문이 있다. 이 모든 불안은 해로운 것인가? 마음 속 깊은 곳에서 불안은 당신에게 '당연하지'라고 말할 것이다. 그리고 불안이 강조하던 그 모든 규칙과 거짓말을 당신이 그대로 따랐어야 했다고 말할 것이다. 어쩌면 당신은 강렬한 감정을 위험하다고 여기는 집에서 자랐을 수도 있다. 아니면 주 양육자가 선의에서 "신경 쓰지 마라"라고 말하는 것을 들었을 수도 있다. 짐작하겠지만 나는 불안이 위험하다고 믿지 않는다. 그리고 사실 불안은 다른 감정들과 마찬가지로 매우 중요한 기능을 한다. 즉, 당신의 주의력을 모음으로써 시간제한이 있는 과업을 완수하고 투쟁-도피 반응을 통해 당신의 인생을 보호할 수 있도록 하는 것이다. 이 투쟁-도피 반응이 잘못 발휘됐을 때 우리가 공황이라고 부르는 상황이 벌어진다.

공황발작이 일어나는 동안 당신의 신체는 예측 가능한 생리활성화 단계를 거치게 된다. 즉, 편도체라고 불리는 뇌 부위는 경고신호를 신체 전반에 보낸다. 편도체는 복잡계complex system로서 감정중추를 담당하는 대뇌변연계의 일부다. 편도체의 기능 중 하나는 공포를 인식하고 공포와 연계된 기억을 만들어내는 것이다. 편도체는 투쟁-도피 반응 혹은 뇌 속의 생존경보가 자리하는 곳이다. 투쟁-도피 경보 시스템은 정말 단순해서 '켜기'와 '끄기' 스위치만 존재한다. 이는 수풀을 헤치고 등산을 하던 중 곰과 마주쳤을 때, 혹은 당신 코앞에서 가까스로 급브레이크를 밟은 차와 맞닥뜨렸을 때 재빠르게 반응할 수 있도록 도와준다. 이는 또한 이 경보 시스템이 울렸을 때는 진정으로 얼마나 위험한지에 대해서는 생각의 뇌가 당신에게 전혀 정보를 주지 않는다는 의미이기도 하다.

다른 경보 시스템과 마찬가지로 우리 뇌의 경보 시스템은 거짓경보에 취약하다. 실제 생활에서의 위험이 부재한 상황에서 우리가 경험하는 공황발작은 생명을 구하기 위해서가 아니다. 그저 거짓경보일 뿐이다. 문제는 그 경보가 진짜 위험한 상황에서 당신이 받게 되는 경보와 동일하게 느껴진다는 점이다. 다른 경보 시스템들처럼 우리 내부의 거짓경보는 매번 울릴 때마다 똑같은 소리를 낸다. 잘못해서 울릴 경우라도 말이다. 공황발작을 거짓경보로 인식하는 법을 배운다면 당신이 공황발작과의 심리전에서 이기는 데 도움이 될 것이다.

거짓말 5: 불안하게 만드는 것을 피해야 해요

진실 반복된 공황발작은 많은 고통을 유발할 수 있다. 그 발작이 당신에게 전혀 해를 끼치지 않을 것이라는 이야기를 들어왔던 경우에도 마찬가지다. 그런 이유로 많은 사람은 불안이나 공황 증상의 시작과 연계된 상황을 피하기 시작한다. 이런 상황은 당신이 전에 공황발작을 일으킨 곳이나(예를 들어 당신이 운전을 하다 공황발작을 겪었다면 차를 피하게 된다) 필요한 때 도움을 얻기 어렵기 때문에 당신이 위험하다고 인식하는 곳(예를 들어 비행기나 지하철, 또는 크고 사람들로 붐비는 쇼핑몰 등이다)까지 다양하다. 단기적으로는 회피가 당신의 기분을 나아지게 할 수 있을지 몰라도 이는 분명 당신의 공황 및 불안반응을 강화시키게 된다.

많은 사람들은 억지로 공포 상황을 견딜 때 공황이나 불안이 감소하는 경험을 하지 못한다. 내 경험에 따르면 불안이 오래 지속되는 이유는 보통 심리전이나 사고패턴 때문이다. 당신이 공포 상황을 마주하는 시간 내내 그저 이를 극복하게 되길 바라고만 있다면, 그로부터 불안의 감소라는 긍정적인 결과를 얻을 가능성은 높지 않다. 우선 두뇌게임에 다시 힘을 쏟는 것이 좋다. 그러지 않으면 이 상황이나 자신의 증상이 초래할 위험성에 대한 신념을 실제로 강화하게 된다.

예를 들어, 당신이 물을 두려워한다면 호수에 들어가서 발목까지 오는 물속을 억지로 걷는 연습을 해볼 수도 있다. 그러는 동안 내내 '너무 끔찍해. 끝날 때까지 버틸 수 없어! 다시는 이런 짓을 하지 않았으면 좋겠어!'라는 생각이 끊이질 않는다면, 그 어떤 새로운 깨달음도 얻지 못하게 된다. 즉, 당신은 이 연습으로 아무런 이득도 얻을 수 없다는 의미다. 왜냐하면 당신이 실제로 한 일은 물 가까이에 있는 것은 끔찍하며 물은 피해야만 한다는 학습을 강화시켰을 뿐이기 때문이다.

우리는 불안을 유발하는 상황에 직면하게 될 때 그 경험에서부터 다른 종류의 학습이 일어나길 바란다. 이에 대해서는 뒷부분에서 더 자세히 다룰 예정이다.

거짓말 6: 약한 사람만 공황발작을 일으켜요

진실 공황발작을 일으키거나 불안을 경험하는 것은 강하거나 약한 것과는 전혀 상관없다. 내 경험상 이는 특히 남성에게 어려운 개념이지만, 여성에게도 마찬가지다. 만약 어떠한 감정이든 강렬한 감정을 경험하거나 표현하는 것이 약한 사람의 증거라고 믿는다면, 공황이나 불안을 다스리는 일이 매우 어려워진다. 나는 여기에서 정반대의 관점을 제안한다. 그 어떤 것이든, 심지어 매우 격렬한 감정이더라도 감정을 갖는다는 것 자체가 당신을 인간적으로 만들어준다. 그리고 인생을 온전히 감사히 여기고 자신의 경험을 있는 그대로 받아들이며 반응할 수 있게 해준다.

나는 종종 사람들이 공황이나 불안장애 진단을 받거나 강렬한 불안 증상을 경험한 직후 스스로를 비판하는 모습을 본다. 고혈압이나 당뇨, 또는 천식을 앓고 있다고 생각해보자. 당신이 이 질병 중 하나로 진단을 받았을 때 스스로를 가혹하게 비판하겠는가? 그렇다면 공황이나 불안이라고 뭐가 다를까? 전혀 다를 바가 없다고 본다. 당신은 그저 당신이 겪는 이 현실적인 걱정을 표현하면 된다. 이불 속에 꼭꼭 숨긴 채 아무 문제없는 척하는 것과는 정반대로 말이다. 그렇게 하는 데 필요한 것이 바로 용기와 힘이다!

거짓말 7: 공황발작이 언제 일어날지 알아야만 해요

진실 공황은 위급하다는 느낌을 자아낸다. 그리고 마치 다음번 공격이 언제 들어올지 확실히 알아야 할 것처럼 느껴진다. 잠시 당신의 남은 생에 대해 생각해보자. 당신은 다음에 언제 감기나 독감에 걸릴지 알 필요가 있는가? 천둥번개 때문에 발이 묶일 상황은? 자동차 바퀴에 바람이 빠질 상황은? 아마도 이런 정보들을 미리 알면 좋겠지만 반드시 필요하지는 않으며, 이런 정보 없이도 그럭저럭 잘 살 것이라고 생각할 것이다. 공황발작 역시 마찬가지다. 이는 공황이 당신을 혼란스럽게 만듦으로써 시간과 에너지, 주의력을 앗아가기 위해 하는 거짓말이다. 다음번에 공황발작을 겪게 된다면, 그 정보를 미리 아는 것은 불가능하거나 불필요하다는 사실을 스스로 떠올려보자.

공황과의 두뇌게임

....

"당신의 모든 생각을 통제할 필요는 없다.
다만 그 생각이 당신을 통제하지 못하도록 해야 할 뿐이다."

- 댄 밀맨

앞 장에서 우리는 당신을 괴롭히는 공황의 거짓말들을 다루었다. 그중 가장 큰 거짓말은 아마도 공황이 당신을 끌어들이는 심리전일 것이다. 따라서 지금부터는 공황이 당신을 속이기 위해 펼치는 두뇌게임에 대해 다루려 한다. 공황은 당신이 두뇌가 보내는 거짓경보를 진짜 위험하다고 믿기를 원한다. 따라서 자신에게 유리한 여러 두뇌게임에 당신이 참여토록 하면서 당신에게 해를 끼치려 한다. 다음은 우리가 공황상태에 빠지거나 강렬한 불안을 경험할 때 가장 흔히 저지르는 생각의 실수들이다.

비판을 한다

문제점　나는 공황과 불안이 당신에게 벌이는 심리전에서 가장 치명적인 것은 바로 비판이라고 생각한다. 이와 관련한 심리전이 펼쳐지는 방식에는 몇 가지가 있다. 첫 번째, 우리는 불안장애를 겪는 것에 대해 스스로를 비판한다. 두 번째, 우리는 더 나아지지 못함에 대해 스스로를 비판한다. 세 번째, 우리는 불안장애를 겪는 것을 수치스럽다고 느끼면서 가장 친한 친구나 믿을 만한 사람들에게도 털어놓지 못한다. 배우자나 가까운 가족에게도 불안장애 때문에 치료를 받고 있는 사실을 말하지 않은 환자들이 결코 적지 않다.

해결책　자아비판은 지금 당장 그만두자. 자신이 불안한 것이 어쨌든 자기 잘못이라고 생각하는 것을 멈추자. 그렇지 않다. 불안에 어떻게 대처해야 하는지 혼자 알아내야만 한다는 생각을 뿌리 뽑자. 어떻게 그러겠는가? 나는 면허가 있는 숙련된 임상심리학자며 수년간 불안과 공황의 암호를 해독해왔다! 훈련이나 특수교육 없이 어떻게 당신이 불안과 공황장애의 치료법을 알 수 있겠는가? 그건 불가능한 일이다. 불안장애교육이 학교에서 이루어지는 보건교육의 커리큘럼 중 일부가 되고 사회 전체가 그에 대해 좀 더 공개적으로 이야기할 수 있도록 낙인을 지우지 않는 한 이는 불공평한 기대다.

　비판 없이 자신의 감정을 바라보는 것을 실천하기 위해 다음의 연습문제를 풀어보자.

✓ 긴장을 풀고 다시 시작하기 위한 형상화 연습

눈을 감고 머릿속에 커다란 영화 화면을 떠올려보자. 마음의 눈으로 당신이 막 잠에서 깨어난 무렵, 하루의 시작으로 돌아가 보자. 30분의 시간을 빨리 감기 하면서 그 시간 동안 무엇을 했고 느꼈으며 생각했는지 다시 떠올려보자. 이를 마치 영화 보듯 연습하자. 우리는 영화를 보다가 불이 나는 장면이 나올 때, 진짜로 위험에 처한 듯 영화관 밖으로 뛰쳐나가지 않는다. 화면에 나타난 일에 사로잡히는 대신 이를 관찰하며 주의를 기울인다. 동일한 방식으로 이런 연습에 임하자.

예를 들어 당신이 아침 7시에 일어났다고 하자. 아마도 '잠에서 깼지만 졸려서 침대에 누워 있다가 7시 30분에 아침식사를 준비할 거야. 차를 마시며 느긋함을 느껴야지. 그리고 8시에는 마음이 바빠지면서 출근할 준비를 마칠 거야' 등으로 생각이 흘러갈 것이다. 이 연습을 할 때는 '반드시 …해야 한다' 또는 '해서는 안 된다'는 말은 쓰지 않도록 주의하자. 또한 하루 종일 당신의 감정이 어떻게 바뀌는지에 주목하자. 강렬한 감정을 느꼈더라도 이 감정들은 결국 모두 지나가고 다르게 바뀔 것이다.

최악을 기대한다

문제점 누구나 한 번씩은 다음과 같은 경험을 할 것이다. '만약 상황이 더 안 좋아지면 어쩌지?'라는 생각이 머릿속에 떠오르는 것이다. 이런 경험은 자신이 가진 것이 점차 줄어드는 것처럼 느끼면서 스트레스를 받는 시기에 일어난다. 그리고 상황이 더 안 좋아진다면 무슨 일이 벌어질까 궁금해진다. 이런 일은 비교적 고요한 시기에도 일어날 수 있다. 즉, '나는 지금 괜찮지만 이런 시간이 얼마나 지속될까? 다음번 공황발작은 언제 일어날까?'라고 궁금해지는 때를 말한다. 공황은 이런 식의 생각을 즐긴다. 솔직히 말하자면 이를 기대한다!

해결책 다음번에 이런 생각을 하게 된다면 미래를 예측하는 것은 당신이 할 일이 아니라고 스스로에게 이야기하자. 그리고 미래를 예측할 수 있더라도 긍정적인 미래가 보일 것이라고 생각하자. '한동안 일이 잘 풀리면 어떨까?'는 불안을 조장하지 않을 수 있는 생각이다.

당신은 지금 새로운 습관을 쌓고 있다는 것을 명심하자. 불안한 생각에 대한 반응을 바꾸는 일이 한동안은 부자연스럽게 느껴질 수 있다는 의미다. 그렇더라도 이를 받아들이고 연습하자. 습관이 제2의 천성이 되려면 많은 노력이 필요하다. 습관화에 성공했다고 알 수 있는 방법 중 하나는 과거에 당신이 했던 행동을 더 이상 하지 않게 되는 것이다. 나는 가끔 내 환자들에게, 불안을 느끼더라도 이제는 그 불안이 공황발작으로 이어지지 않을 것이라고 기대하는 것이 이런 내면의 변화를 의미하는 신호라는 것에 주목하도록 한다.

부정적인 면에 초점을 맞춘다

문제점 공황은 자동적으로 당신이 부정적인 면에 주의를 기울이도록 만들 것이다. 당신은 마음속으로 이렇게 생각할 수도 있다. '이번 주에 들어서 벌써 세 번째 불안을 느끼고 있어. 내가 아직도 발버둥 쳐야 하다니 믿을 수 없군! 나는 쉴 수도 없어. 모든 사람이 내가 연설을 시작하는 순간부터 공황에 빠졌다는 것을 알았을 거야.'

해결책 좋은 소식은 공황과 불안이 당신을 부정적인 면에 집중하도록 만들더라도 이에 끌려 다닐 필요가 없다는 것이다! 한 걸음 떨어져 좀 더 넓은 시야를 갖도록 하자. 스스로에게 물어보자. '어떤 일이 나쁘지 않게 풀리고 있지? 어떤 일이 괜찮게 풀리고 있지? 어떤 일이 잘 되고 있지?'

긍정적인 면을 무시한다

문제점 공황은 당신의 내적 자원, 즉 시간과 주의력, 에너지를 모두 지배하면서 힘을 얻는다. 우리가 불안이나 공황을 경험할 때 우리의 내적 자원은 즉각 자연스레 그 문제가 발생한 곳으로 향한다. 이 초기의 자원 이동 후 당신이 어떻게 행동하는지에 따라 얼마나 성공적으로 이 상황을 다스릴 수 있는지가 결정된다. 당신의 에너지가 공황에 모두 집중될 때 기분이 점차 나빠질 가능성이 높다.

해결책 한 걸음 물러서 스스로에게 '이건 그저 더 큰 그림의 일부일 뿐이야. 이 뒤로 긍정적이거나 중립적인 경험들이 이어질 거야'라고 말하면서 마음속으로 그 경험들을 헤아려본다면 기분이 더 좋아질 수 있다. 다음번에 불안이 몰려오는 기분이 들 때 이를 연습해보자.

✔ 마음속 비판을 없애는 연습

잠시 멈춰서 지금 당장 당신을 둘러싼 모든 것을 중립적이거나 긍정적인 관점으로 묘사해보자. 예를 들어, 당신이 부엌에서 아침식사를 하고 있다면 다음과 같이 해보는 것이다. '나는 지금 부엌에 있는 나무식탁 앞이야. 식탁은 둥글고 나는 쿠션의자에 앉아 있지. 내 앞에는 잼 바른 빵이 담긴 그릇과 커피 한 잔이 놓여 있어. 커피

옆에는 사과와 바나나로 가득 찬 과일그릇이 있지. 부엌 벽은 파란색이고 그릇장은 하얀색이야. 주방기구들은 다 스테인리스고 바닥은 나무야. 블라인드 사이로 햇빛이 스미고 벚꽃나무에 꽃망울이 맺히기 시작한 걸 볼 수 있어.' 잠시 당신의 주변을 찬찬히 둘러보는 시간을 가진 뒤 이런 연습을 하고 나서 어떤 기분이 드는지 관찰해보자.

사람들과 함께 있다면 동일한 방식으로 그 상황을 묘사해보자. '나는 잭과 리사와 함께 회의를 하고 있어. 우리는 업무 겸 점심을 먹으면서 카페에 앉아 있어. 잭이 가장 마지막에 한 이야기는 새로운 합병문제야. 리사는 회사를 보호하기 위한 몇 가지 전략에 대해 논의하고 있고 잭은 자신의 생각을 제안하고 있어.' 당신은 이내 불안보다는 삶의 활동 쪽으로 주의력이 집중됐다는 것을 깨닫게 될 것이다. 이런 연습의 모든 긍정적인 효과에 주목해보자.

양자택일적 사고를 한다

문제점 양자택일적 사고는 당신의 불안을 높이는 데 주된 역할을 한다. 이는 여러 가지 일을 뚜렷한 카테고리들로 분류하면서 작동한다. 예를 들어 불안한 것과 불안하지 않은 것, 공황과 평정심처럼 말이다. 물론 실제 세계에서 불안과 공황은 정확한 카테고리에 딱 맞아 떨어지지는 않는다. 사실 불안을 전혀 갖지 않는 것은 바람직하지 않다. 전혀 불안하지 않다는 것은 당신이 온전히 살아 있지 않다는 의미가 될 수도 있다.

해결책 불안은 모 아니면 도가 아니다. 불안은 범주의 관점에서 생각하는 것이 낫다. 나는 환자들에게 0부터 10까지 척도를 사용하도록 제안한다. 0은 가장 낮은 수치다. 이 척도를 사용해 한 주 동안 하루에 세 번 불안에 점수를 매기는 연습을 하자. 그리고 하루 동안 그 변화 추이를 눈여겨보자.

약간의 불안은 걸어야 할 전화, 내야 할 돈, 지켜야 할 약속 등처럼 우리가 주목해야 할 무엇인가가 진짜로 있다고 경고하는 역할을 할 수 있다. 더 높은 수준의 불안, 특히 공황 수준의 불안은 사고를 피하기 위해 급브레이크를 밟거나 길을 건너다가 다가오는 차를 황급히 피하라는 경고 같은 것일 수도 있다. 우리는 불안이 주는 이점에 대해 거의 생각하지 않는다. 우리에게 불안이 필요한 진정한 이유는 이 복잡한 세상에서 제대로 기능하기 위해서 뿐 아니라 살아남기 위해서다. 이런 이유들 때문에 불안이 완전히 사라지길 바라서는 안 되며, 사라지는 것이 바람직하지도 않다. 그러나 불안을 악화시키지 않으면서 당신에게 유리한 방식으로 반응하는 법을 배워야 하며 이는 바람직한 일이다.

파국으로 치닫는다

문제점 파국화는 당신이 어떤 생각을 떠올렸을 때 '만약 …하면 어쩌지?'라는 일련의 질문을 통해 그 생각을 비틀어가다가 발생할 수 있는 최악의 상황으로 바꿔버리는 과정이다. 예를 들면 '약간 불안해지려고 해. 만약 내가 쇼핑을 하다가 공황발작을 일으키면 어쩌지? 내가 소란을 일으키는 일 없이 그곳에서 재빨리 빠져나와야 하면 어쩌지? 백화점 한복판에서 정신을 잃고 쓰러져서 창피한 장면이 연출될지도 몰라. 오늘은 그냥 집에 있는 게 낫겠어. 끔찍한 하루가 되어버릴 수도 있으니까'라고 생각하는 것처럼 말이다.

해결책 당신이 보듯 처음 생각은 그저 약간의 불안에서 비롯됐을 뿐이다. 그러나 거기에 생각들이 더해지면서 그 하루가 망해버렸을 뿐 아니라 벌어질 수 있는 가장 끔찍한 경험으로 탈바꿈했다. 현실에서 우리 대부분은 미래를 예측하는 능력이 없음에도 전혀 타당성 없이 미래를 예측하려 한다. 여기에서 당신이 예외라면 이미 그 능력으로 돈을 벌고 있을 것이다! 불안을 느낄 때 파국화로 치닫는 스스로를 자제시키자. 그리고 신경 쓰였던 최초의 생각이나 사건이 무엇이었는지 떠올려보자. 처음의 생각과 나중의 생각을 비교해보면 애초에 작은 생각이나 사건이었음을 확인하게 되고, 처음의 걱정이나 상황에 맞춰 당신의 반응을 축소할 수 있을 것이다.

더 이상 참을 수 없어진다

문제점 오랜 시간 동안 어떤 문제로 고군분투할 때 우리는 때론 지치고 패배했다고 느낀다. 우울해지면서 기가 꺾인다. 그리고 이제는 더 이상 노력할 수 없을 것처럼 느낀다. 자연스러운 감정이지만 이에 동의한다는 것은 공황과 불안이 당신의 인생을 좌지우지하도록 허용하는 것이다. 이런 식으로 공황은 승리하고 당신은 계속 낙담하게 된다.

해결책 항복의 흰 깃발은 내려놓자. 그리고 이 싸움을 포기하지 말자. 당신은 이겨낼 수 있다. 당신은 지금까지 잘 견뎌왔고 이제 이를 다스릴 수 있는 방법을 찾았으니, 당신의 능력에 초점을 맞추자!

비난을 한다

문제점 비난은 여러 가지 형태로 나타난다. 우리는 스스로를 비난할 수도, 다른 이들을 비난할 수도, 신을 비난할 수도 있다. 나는 일반적으로 비난이 역효과를 낳는다는 결론을 내렸다.

해결책 불안을 경험한다고 해서 잘못된 것은 아니다. 당신이 불안해지겠다고 결정을 한 것도 아니고 불안해지려고 무엇인가를 한 것도 아니다. 다른 사람들을 비난하는 것은 아무런 의미가 없다. 우리는 그저 스스로를 바꾸고 스스로에게 힘을 부여해야만 할 뿐이다. 신을 비난하는 것 역시 비생산적이다. 우리는 응징을 내리려는 절대적인 힘을 믿을 수도, 아니면 자애로운 힘을 믿기로 마음먹을 수도 있다. 선택은 당신의 몫이다! 그리고 이는 다음의 잘못된 생각으로 이어질 수 있다. 바로, '공평한 세상의 오류'다.

공평한 세상의 오류에 빠진다

문제점　세상은 공평하지 않다. 당신이 불안과 고군분투하는 것은 공평하지 않고 어떤 사람들은 그렇지 않다는 것도 공평하지 않다. 다시 말해서, 이 세상의 불공평함은 철학적인 문제가 된다. 만물이 공평해야만 한다는 우리의 기대는 잘못된 생각이다. 우리는 이 점에 초점을 맞추면서 세상이 우리에게 유리한 방향으로 불공평하기도 하다는 것을 무시한다.

해결책　이 점이 당신에게 문제라면, 다음 연습을 해보자.

✔ 세상으로부터 받은 선물 떠올리기

당신이 이 세상에서 불공평하게 혜택받은 것들을 목록으로 적

자. 예를 들어 시력, 청력, 문제없는 운동능력, 특정 분야에 대한 뛰어난 지식이나 능력 같은 것들이다. 그 목록을 보고 당신이 어떻게 느끼는지 생각해보자.

내가 세상으로부터 불공평하게 혜택을 받은 긍정적인 면들은 다음과 같다.

_____

_____

_____

_____

_____

왜곡된 마음 읽기를 한다

문제점 마음 읽기는 다른 사람이 무엇을 생각하는지, 그리고 당신에 대해 어떻게 생각하는지를 당신이 안다고 가정하는 행위다. 이런 추측은 흔히 부정적인 방향으로 왜곡되기 마련이다. 당신이 불안하거나 공황발작을 일으키기 직전이라면 다음과 같은 마음의 소리가 들릴 것이다. '모든 사람이 내가 공황에 빠졌다는 것에 주목할 거야. 그리고 내가 유약하거나 자기감정을 다스릴 줄 모른다고 추측할 거야!' 또는 '그녀는 내 손이 부들부들 떨린다고 얘기할 거고 아마도 나랑 또다시 데이트를 하고 싶어 하지 않겠지!'

해결책 일반적으로 마음 읽기는 매우 정확하지 않다. 우리의 추측은 보통 완전히 틀린다. 뿐만 아니라 사람들은 대부분의 시간 동안 자기 자신과 자신의 문제에 집중하는 한편 다른 사람들이 하는 일을 부정적으로만 해석할 가능성도 낮다. 당신이 마음 읽기를 자주 해왔다면, 다음번에는 사람들이 당신에 대해서 그토록 자세하게 생각할 가능성이 낮다는 사실을 떠올려보자. 또한 설사 다른 사람들이 당신에 대해 생각한다 할지라도 부정적인 해석만 하는 것이 아니라 중립적이거나 긍정적인 해석도 할 것이라고 생각하자.

지나친 일반화를 한다

문제점 지나친 일반화는 인생에서 단 한 번의 사건이나 사례를 들어 모든 상황에 폭넓게 적용하는 것이다. 예를 들어 '작년에 나는 쇼핑을 하다가 공황장애를 일으켰어. 그냥 다른 사람과 같이 갈 때만 쇼핑을 하든지 아예 쇼핑몰이나 마트는 가지 말아야겠어'라고 생각하는 것이다.

해결책 다음에 이런 일이 발생한다면 스스로에게 이렇게 이야기해보자. "이건 그냥 하나의 사건일 뿐이야. 나는 무슨 일이 벌어질지 너무 광범위한 추측은 하지 않을 거야. 한번 기다려봐야지."

개인화를 한다

문제점 개인화는 다른 누군가의 행동이 당신과 직접적으로 연결되어 있다든가 당신의 행동에 반응하는 것이라고 보는 것이다. 예를 들어 '그 사람은 내가 초조하고 일을 잘 하지 못했다고 생각해서 얼굴을 찌푸리는 거야'라고 생각하거나 '그녀는 내가 신경쇠약이라고 생각해서 그다지 내게 친절하지 않은 거야'라고 생각하는 것이다.

해결책 다른 사람들의 행동은 그들이 겪는 상황이나 그들이 누구인지에 따라 좌우되는 것이 현실이다. 우리는 정확한 결론을 끌어낼 만큼 다른 사람들의 머릿속에서 무슨 일이 벌어지고 있는지 충분히 알지 못한다. 다음번에 이런 일이 또 생긴다면 스스로에게 이렇게 이야기해보자. "저들의 반응은 내가 아니라 자기들 때문에 나타나는 거야."

감정에 의무를 지운다

문제점 의무는 우리가 어린 시절에 배우고 따랐던 규칙들이다. 나는 이를 닦아야만 하고 매일 샤워해야 하며 내가 한 약속을 지키고 잘못된 일은 바로잡아야 한다. 문제는 우리가 이런 엄격한 규칙을 감정적 생활에도 적용한다는 것이다. '나는 불안함을 느껴서는 안 돼. 나는 내 감정을 통제할 수 있어야 해. 나는 지금처럼 느껴서는 안 돼'라고 생각하는 것이다.

해결책 우리의 감정적 생활은 단순히 이런 규칙에 의해 움직이지 않는다. 나는 이런 감정에 대한 의무를 파악하고 떠나보내기를 제안한다. 감정에 대한 의무는 공황과 불안을 다스리기에 꼭 필요하지도, 유용하지도 않다. 다음번에 이런 감정에 대한 의무가 떠오른다면 유연함과 자기자비의 감정을 유지하도록 노력하자.

부정적 낙인을 찍는다

문제점 낙인이란 불안을 경험하는 스스로에게 '패배자', '유약한 인간', 심지어 '불안병자'와 같은 부정적인 표식을 붙이는 것이다. 예를 들면 '나는 오늘 집에 처박혀서 공황장애에 시달리는 패배자야' 또는 '나는 최악의 불안병자야. 그냥 이대로 불안해하며 사는 것에 익숙해져야만 해'처럼 생각하는 것이다. 낙인은 자기 자신을 질책하고 하찮게 만들며, 스스로 발전할 수 있는 능력을 약화시키기 때문에 파괴적이다.

남의 떡이 더 커 보인다

문제점 우리는 가끔 이런 느낌을 경험한다. 다른 사람들은 쉽게 살아가는 것처럼 보이는 것이다. 그들은 당연하듯 삶을 살고 불안을 다스릴 줄 알며 더 행복해지는 것이다!

해결책 나는 그 모든 자연스럽고 수월해 보이는 것들이 사실은 특정한 습관을 몇 년간이나 연습한 결과일 경우가 많다는 사실을 발견했다. 이는 마치 주연급 발레리나가 춤추는 모습을 보는 것과 같다. 너무나 자연스러운 춤사위에 우리는 그만 이들이 10년 이상 춤을 연습했다는 것을 잊곤 하는 것이다. 나는 당신이 그 포장을 걷어버리고 수월해 보이는 것들의 실체를 가늠해보길 제안한다. 또한 당신이 노력하고 있는 부분에 대해 주문을 외워보길 제안한다. 다른 말로 확언affirmation이라고도 불리는 이 주문은 매일 스스로 재다짐하는 긍정적인 의지를 의미한다.

예를 들어 다음과 같다.

- 나는 매일 점점 더 능숙하게 불안을 다스리는 법을 배울 것이다.
- 나는 새로 배운 기술을 연습하면서 삶이 좀 더 평화롭고 차분해지고 있다.
- 나는 공황이 내 인생을 가로막는 것을 막기 위해 다르게 생각하는 법을 배우고 있다.

자기연민에 빠진다

문제점 불안 및 공황과의 싸움은 사람을 기진맥진하게 만들 수 있다. 진이 빠지면 우리의 생각은 더욱 어두운 곳을 향하게 되며 스스로에 대해 한탄하는 지경에 이를 수 있다. 이는 결국 지금 처한 상황보다 기분을 더 나쁘게, 더 외롭게 만든다. 이런 일이 벌어질 때 당신은 이렇게 생각할 것이다. '왜 하필 나지? 별 문제 없었고, 모든 것이 순조로웠어. 내가 뭘 했다고 이런 일을 당하게 된 거지? 너무 비참해!'

해결책 자기연민은 독이다. 그리고 근시안적이다. 나는 당신에게 자기자비를 연습하도록 제안하고 싶다. 스스로에게 너그러워지자.

그리고 부정적인 자기연민의 늪에 빠지지 않도록 하자. 자기자비를 연습하다 보면 다음과 같은 생각을 하게 될 것이다. '나는 바로 지금 불안과 맞서 싸우고 있어. 하지만 계속 노력한다면 더욱 나아질 수 있다는 것을 알아.'

생각의 과잉에 빠진다

문제점 우리는 모두 이런 경험이 있다. 무엇인가에 대해 생각하기 시작하면 곧 그 대상의 장단점을 따지는 것에 사로잡혀 애초에 왜 그런 생각을 하기 시작했는지를 잊는 것이다! 생각의 과잉은 결정장애와 회피로 이어질 수 있다. 우리 대부분은 실제로 지나치게 생각에 사로잡혀 있으면서도 이를 문제해결의 과정이라고 여긴다. 문제해결과 생각 과잉을 구분 짓는 것이 필요하다.

해결책 문제해결은 현재나 아주 가까운 미래에 당신이 처한 상황이나 모순을 분명히 정의 내리고, 가능한 해결책(A-B-C-D-기타 등)을 찾아내며, 우선순위를 정해 어떤 것을 가장 먼저 행동에 옮길 것인지 결정하는 행위들을 포함한다. 반대로 생각 과잉은 문제를 분명히 정의 내리지 못하면서 현재 벌어지는 일도 아닌 '만약'이라는 시나리오에 기반한 모호한 해결책들을 꺼낸다. 문제를 분명히 정의 내리지 못하기 때문에 분명한 해결책을 제시하는 것이 불가능해진다. 그리고 같은 곳만 맴돌게 된다.

감정적 추론을 한다

문제점 감정적 추론은 어떤 것이 진짜라고 증명하기 위해 감정을 이용한다. 예를 들어 '나는 뭔가 불안을 유발하거나 새로운 것을 시도하면 기분이 나빠져. 그러니까 나는 시작도 해서는 안 돼. 분명 잘 안 될 거니까' 또는 '나는 너무 불안해. 이건 뭔가 잘못되고 있다는 신호야!'와 같이 생각하는 것이다.

해결책 우리 내면의 지혜는 이성적 추론과 '직감'의 혼합체다. 스스로에게 한번 물어보자. 감정을 떼어놓고 생각했을 때 이 추론이 진실이라고 믿을 수 있는 다른 증거가 있는가?

과거에 고착된다

문제점 이는 순식간에 일어난다. 과거를 회상할 때 당시 저지른 실수들이 순식간에 몰려와 우리 뇌를 잠식하고 후회와 분노, 또는 슬픔의 강렬한 감정을 자극한다. 우리가 당시 무엇을 해야 했고 어떻게 말했어야 하는지 이제는 모두 분명해진 듯 보인다. 뒤늦은 깨달음은 모든 것을 명료하게 보이도록 만든다는 장점이 있다. 그리고 우리에게는 두 가지 선택지가 주어진다. 하나는 우리 자신에 대해 배우는 것이고, 다른 하나는 우리 자신을 비난하는 것이다.

해결책 나는 스스로에 대해 배워야만 성과를 얻게 되며 스스로를 비난해서는 얻을 것이 아무것도 없다고 믿는다. 당신의 행동에 책임질 필요가 없다는 의미는 아니다. 나는 자기비난은 책임감과는 거리가 멀다고 생각한다. 자기비난은 책임지는 것도 없이 스스로를 질책하는 조용한 절차다. 스스로에게 바꾸거나 책임을 질 부분이 있다고, 혹은 다음번에는 다르게 행동해야 한다고 생각하는 부분이 있다고 결론지을 때 우리는 배울 수 있다. 그리고 마음속으로 해결책을 떠올릴 때 배울 수 있다. 우리는 과거의 행동을 평가함으로서 현재와 미래에 다르게 행동할 수 있을 때 배울 수 있다.

당신의 과거에 대해 무엇을 믿는가? '역사는 되풀이된다'는 유명한 명언을 믿는가? 미래는 운명으로 정해져 있을까, 아니면 그저 오늘은 또 다른 시작점일 뿐일까? 당신이 과거에 부정적으로 엮여 있다면, 한번 그 과거를 살펴보자. 과거는 과거일 뿐 이를 바꿀 수는 없다. 과거를 되돌아보며 얻게 되는 유일한 이득은 그 과거가 현재에 어떤 의미를 지니는지 재정의할 수 있다는 점이다. 공황이나 불안 때문에 고통받았던 과거가 있다면 그렇지 않은 미래를 생각하는 것이 가끔은 어려울 수도 있다. 나는 어쨌든 노력해보길 권한다.

궁극적으로 나는 과거를 되돌아보는 것은 현재의 삶을 다르게 살아갈 수 있도록 만들어준다는 점에서만 유용하다고 믿는다. 오늘날을 더 나은 방식으로, 더욱 충만하고 진정성 있게 살아갈 수 있도록 말이다. 따라서 당신이 지금 겪는 불안과 관련해 어떤 문제가 있다고 생각이 들면 과거의 사례들이 오늘날 당신의 생각과 행동을 어떻게 이끌었는지 살펴보자.

스스로에게 물어보자. 현재 당신은 지난날 당신이 했던 행동과 동일한 방식으로 반응하고 있는가? 여전히 적절한 방식인가? 이제는 어떻게 반응하고 싶은가? 이전에 반응했던 방식을 떠나보내기 위해 스스로에게 뭐라고 말할 것인가? 과거를 재정립하고, 과거의 실수를 용서하고, 떠나보내도록 하자. 스스로를 시험해보고 다른 방식으로 살아보도록 하자. 그리고 어떻게 느껴지는지 한번 지켜보자.

공황 이해하기

"용기는 공포를 느끼지 않는 상태가 아니다.
용기는 더 중요한 일이 있다는 것을 아는 상태다."

– 스티븐 R. 코비

민음은 생각의 결과물이다. 그러니 믿음을 살펴봐야 한다. 우리는 생각하는 것을 믿고 우리가 믿는 것을 바탕으로 행동하는 경향이 있기 때문이다. 다음에 나오는 믿음들을 훑어보고, 당신에게 해당되는 것들을 살펴보자.

나는 유약해

이러한 믿음은 평범한 약점에서 출발해 생각의 사슬을 타고 발전한다. '나는 사소한 것에 마음이 상해. 그러니까 더 조심해야 해', '가족들이 모두 불안해해. 그러니 내가 할 수 있는 일은 아무것도 없어', 또는 '어떤 이들은 침착한 태도로 인생을 살지만 나는 늘 지나치게 생각하지'와 같은 식이다. 그러나 사실 우리의 믿음은 우리가 쌓아온 습관의 부산물이다. 우리가 어떤 말을 스스로 되풀이하면 결국 이를 진실로 받아들이게 된다.

우리는 습관을 바꾸기 위해서는 새로운 습관을 들여야 한다. 우리가 해야 할 일은 뭔가 다른 습관을 연습하는 것이다. 마음속 대화를 다음처럼 건강하게 바꿔보자. '나는 다른 사람들처럼 이 불안이나 공황을 이겨낼 수 있어. 가족 모두가 불안해하더라도 그건 운명이 아니야. 나는 여기에 다르게 반응할 수 있어. 내 과거는 내 미래를 결정짓지 못해. 내가 더 차분해진 미래를 원한다면 불안을 관리하는 기술이 내 새로운 습관이 될 때까지 연습해야 해.'

내가 견딜 수 있는 불안이나 분노는 딱 그 정도야

흔한 믿음이 있다. 불안은 해로운 존재이며, 안정감을 느끼려면 자기 자신을 보호해야 하기 때문에 그 불안을 피해야 한다는 것이다. 실제로 우리가 경험할 수 있는 최대치에는 한계가 없다. 단지 우리가 어떻게 설정하느냐에 달려 있을 뿐이다. 우리는 약하게 시작해 강렬하게 치솟는 감정의 범위를 경험한다. 우리의 모든 감정에는 이유가 있으며, 강렬한 감정은 인생을 다채롭고 더 깊게 경험할 수 있도록 도와준다. 우리 모두는 '좋은' 감정과 '나쁜' 감정이 있다고 배워왔다. 이런 믿음이 만연하더라도 이는 진실이 아니다. 이런 믿음은 우리가 스스로의 감정을 부끄러워하고 자연스러운 반응을 비판하도록 만든다. 다음 연습을 해보자.

✔ 감정적 수용의 연습

앞으로 24시간 동안 감정이 보통 수준에서 강렬한 수준까지 올라갈 때마다 다음의 문장을 되뇌어보고, 어떤 효과가 발생했는지 주목하자.

'나는_____라고 느껴. 그래도 괜찮아!'

나는 문제가 있어/나는 뭔가 잘못됐어

당신이 불안하거나 공황장애에 시달린다고 해서 당신에게 잘못이 있는 것은 아니다. 미국만 하더라도 20퍼센트의 사람들이 이런 증상에 시달리며, 그만큼 흔한 문제다. 그러나 이 문제에 대해서 누구도 선뜻 내놓고 이야기하지 않기 때문에 사람들은 가끔 수치스러워하거나 고립감을 느낀다. 나는 당신이 불안하거나 공황상태에 빠지는 이유는 복합적이며 여전히 밝혀지지 않은 부분이 있다는 것을 이야기해주려 한다. 분명한 것은 그 어떤 이유도 당신 탓이 아니라는 것이다. 당신은 잘못된 일을 한 것도 아니며, 불안이나 공황을 '선택'하지도 않았다. 공황이나 불안은 단지 가끔 일어나는 일일 뿐이며, 당신 삶을 앗아갈 것처럼 느껴질 수도 있다. 내 소중한 독자들에게는 죄가 없다. 그리고 당신에게 필요한 것은 어떻게 해야 나아질 수 있는지에 초점을 맞추는 것뿐이다!

나는 희망이 없어

점차 잦아지는 불안이나 공황에 대해 해결책을 찾지 못하는 것역시 당신 탓은 아니다. 나는 사람들이 불안에 대한 도움을 받는데 평균적으로 7년이 걸린다는 글을 읽었다. 이는 아주 오랫동안 고통에 시달리는 사람들도 있다는 의미다! 불안과 공황을 무찌르기위해서는 지식과 기술, 연습이 필요하다. 지금까지 해결책을 찾지 못했다고 해서 해결책이 존재하지 않는다거나 나중에 해결책을 찾게 되어도 이를 쓸 수 없다는 뜻은 아니다. 나는 지금껏 수많은 사람들이 나아지고 불안과 공황과의 싸움에서 이기는 모습을 보았다.

✔ 장점 찾기 연습

당신의 능력과 재주를 목록으로 적어보자. 일주일 동안 매일 이 목록을 늘려보자. 이것이 어렵게 느껴진다면 사랑하는 사람에게 이 연습을 시작하도록 도와달라고 부탁하자. 한 주를 마무리할 때 이 목록을 읽으면서 당신의 기분이 어떠한지 살펴보자.

능력과 재주 목록

_____

_____

_____

_____

_____

공황이 시작될 때 생각을 바꾸는 법

············

"할 수 있다고 믿는다면 이미 반은 이룬 셈이다."
- 시어도어 루스벨트

공황이 시작되는 것 같은 느낌이 들 때 당신이 취할 수 있는 조치가 있다. 우선, 그 공황은 불편할 뿐 위험하지 않다고 스스로 다독이자. 두 번째, 그 불편함은 일시적이며 특별한 개입 없이도 지나간다는 것을 인식하자. 세 번째, 공황상태에서 하게 되는 행동과는 정반대로 움직이자. 즉, 주의를 바깥으로 돌리는 것이다. 당신의 생각은 자꾸 내면의 감각을 향해 쏠릴 수도 있다. 그럴 수도 있다는 사실을 받아들이고 계획을 세우도록 하자. 중립적인 입장에서 당신의 공간이나 상황에 대해 묘사하는 연습을 해보자. 당신이 해야 할 일(잡무나 업무) 또는 하고 싶은 일(취미나 자기관리)에 초점을 맞추자. 그 일들을 얼마나 잘 할 수 있는지는 평가하지 말자. 당신의 불안함이 아니라 인생에 진심으로 몰두하는 것이 지금의 목표이자 공황의 해결책이 된다.

공황상태에서 칼자루를 쥔 자가 누구인지 보여주자

진정으로 공황을 극복하기 위해서는 그 공황을 장악할 의지가 있어야만 한다. 공황 증상을 보이는 환자들에게 늘 설명했듯이 일단 심리전을 파악한 후에는 몸으로 직접 공황을 느낄 자세를 갖춰야 한다. 내 경우에는 일단 심리전에서 우위를 점하면 공황발작은 아무것도 아니게 된다. 당신도 마찬가지일 것이다. 공황을 느낄 수는 있다. 그러나 공황이 당신을 지배할 수는 없다. 또한 당신의 하루를 망칠 수 없다. 이는 마치 빗속에 갇히는 것과 같다. 비는 위험하지 않으며 비가 주는 불편함은 일시적이라는 것을 당신은 알고 있는 것이다.

이런 이유들로, 나는 당신이 두뇌게임에 임하게 되면 일단 공황장애와 관련해 가장 불편함을 느끼는 부분을 파악하기를 권한다. 심장박동수가 너무 빨라지는 것이 거슬린다면, 그 자리에서 당신의 맥박을 올릴 수 있을 만큼 뛰도록 하자. 머리가 멍해지면서 어지러운 느낌이 드는 것이 싫다면, 회전의자에 앉아 빙빙 돌아보자. 그리고 당신이 의도한 증상이 나타나면 특별한 개입 없이 당신의 몸이 그 상황에서 회복할 수 있도록 내버려 두자. 이는 당신이 불안이나 공황상태를 가라앉히기 위해 어떤 전략이나 기술을 연습할 필요가 없다는 뜻이다. 그저 삶을 살아가면서 무슨 일이 일어나는지 지켜보자. 그리고 당신은 당신의 몸이 스스로 중립적인 상태로 돌아올 것이라고 믿어야 한다.

'원래 그래'라는 태도를 갖자

일단 이런 방법을 취할 때는 불안에 대해 반박하거나 저항하지 말아야 한다. 불안에 더 이상 개입하지 않는 것이 중요하다. 당신은 진실을 알고 있으며, 당신이 왜 불안을 느끼는지 납득할 필요는 없다. 당신이 진실을 알고 있는 한 공황이나 불안에 반박하는 것은 불필요하다. 공황과 불안은 이런 식으로 당신의 에너지와 시간, 주의를 낭비하도록 만들기 때문이다. '원래 그래'라는 태도를 취해보자. '불안 때문에 나는 기절하지 않을 거야. 그건 원래 그래', '나는 다른 사람이 어떻게 생각하는지는 모르겠고, 그건 원래 그래'와 같은 태도가 몸에 밸 때까지 연습해보자.

사회불안장애 이해하기

....

"있는 그대로의 모습으로 당신이 느끼는 대로 이야기하라.
왜냐하면 신경 쓰는 사람들은 중요하지 않고, 중요한 사람들은 신경 쓰지 않기 때문이다."
- 닥터 수스

마크는 당황스러운 모습으로 내 진료실에 앉아 있었다. 그는 매력적인 외모에 행복한 결혼생활을 하고 있었으며 회사에서도 부러움을 한 몸에 받는 위치에 있었다. 그와 그의 아내에게는 친하게 어울리는 사람들이 있었고, 그는 정기적으로 스포츠클럽에서 라켓볼을 쳤다. 최근 마크는 직장에서 공황발작을 일으키기 시작했다. 우선 이 발작은 마크가 발표를 앞둔 상황에서 찾아왔다. 그러나 더 최근 들어서 마크는 이런 일이 아무 때나 벌어진다는 것을 깨달았다. 책상에 앉아 있거나 전화회의를 할 때, 또는 정수기에 물을 마시러 갈 때도 일어났다. 마크는 내가 그에게 사회불안장애를 겪고 있다고 진단 내리자 몹시 놀랐다.

우리는 마크가 아내 리즈를 만나기 전의 삶에 대해 이야기를 나누었다. 여자들 앞에서 수줍음을 타는 편이었던 마크는 대학 시절에 리즈를 만났다. 1학년 때 둘을 모두 알고 있는 친구를 통해 리즈를 소개받은 것이다. 리즈는 사람 사귀기를 좋아했고 언제나 친구가 많았다. 마크는 빠른 속도로 그 무리에 끼게 됐고 그 결과 별다른 노력 없이 매우 바쁜 사교생활을 하게 됐다. 둘이 결혼한 후에도 리즈는 계속 사교적인 스케줄을 관리했다. 마크는 가끔 사람들을 만나고 나면 피곤해했다. 사교행사 전에는 불안을 느끼기도 했다 그러나 그는 그것이 정상이라고 생각했다. 그는 말을 매우 조심히 하는 사람이었고 때로는 파티에 참석하기 전에 잡담의 주제를 미리 생각해보기도 했다.

마크가 즉흥적인 회의를 열고 회사 전체에 보고서를 전달해야 하는 위치로 승진하면서 곪았던 부분이 터져버렸다. 그는 준비가 되지 않은 상황에서 자신이 바보 같은 말을 해버리면 회사의 웃음거리로 전락할 것이라고 확신하면서 공황상태에 빠졌다. 치료를 시작하기 전의 그는 몹시 두려운 마음을 가지고 출근했고 자주 공황발작을 일으켰다.

마크는 흔한 문제를 겪고 있다. 미국에서 4,000만 명의 성인이 불안장애와 싸우고 있으며, 1,500만 명의 성인은 사회불안장애로 고통을 받고 있다. 그리고 600만 명의 성인이 공황장애를 겪고 있다(출처: adaa.org, 2016년 7월 23일 조사). 사회불안장애는 흔히 공황장애와 함께 일어나며, 이를 그저 공황장애라고 생각하는 사람들이 많다. 진짜 문제가 무엇인지는 사람들이 자신의 경험과 증상을 완전히 설명하고 나서야 파악할 수 있다. 보통 사회불안장애를 가지고 있는 사람은 공황발작을 일으키거나 기타 눈에 띄게 불안의 신호를 드러냈을 때 벌어지는 사회적 결과에 대해 지나치게 걱정한다. 사회불안장애를 가진 사람은 사교적인 자리에서 극도로 불편함을 느끼고 그 자리를 피하려고 노력할 수도 있다. 어쩌면 다른 사람에 의해 평가받을 수 있다는 점에 극심한 불안감을 느끼는 한편 자신이 부끄럽고 난처한 말이나 행동을 할까 봐 두려워하며 살 수도 있다. 사교적인 자리에서 당신은 스포트라이트가 자신에게 쏟아지고 있다고 느낀다. 그리고 자신의 모든 실수가 눈에 띌 뿐 아니라 확대되어 보인다고 생각한다. 당신은 이런 상황이 너무나 괴롭기 때문에 데이트나 어떤 사회활동, 학교 또는 직장에서의 활동 등 당신이 하고 싶은 일들을 하지 못할 수도 있다. 일부 사람들은 공개연설이나 무대공연, 또는 사람들 앞에 서는 것과 같이 공연을 해야 하는 상황에서만 사회공황장애를 겪기도 한다.

재닛은 빈번한 공황발작으로 치료를 받으러 왔다. 그녀는 파티에 초대받았을 때 보통 공황발작이 일어난다고 이야기했다. 그녀는 파티 전과 당일에 불안함을 느낀다는 것을 깨달았다. 창피를 당할 수도 있다는 공포 때문에 파티에 참석하는 것이 극도로 두려웠던 것이다. 그녀는 다른 사람들과 함께 파티에 갔다가 자신이 (공황장애 때문에) 집에 일찍 돌아가야 할 경우 사람들이 이를 눈치 챌 것이라고 걱정했다. 따라서 보통 혼자 파티에 갔고 그 시간을 즐기지 못했다. 때로는 모든 파티를 거부하기도 했다. 자신의 증상이 너무 심각해져서 사람들이 알게 될까 봐 두려웠기 때문이다. 파티에 가야만 할 때 그녀는 커다란 스포트라이트가 자신을 비춘다고 느꼈다. 그리고 자신이 저지르는 모든 사교적인 실수를 확대해석했다.

재닛의 경험은 불안장애를 겪는 사람들 사이에서는 흔한 일이다. 미국정신의학회에서 발간한 『정신장애 진단 및 통계편람 5Diagnostic and Statistical Manual V』(이하 DSM-5)에서 정의한 사회불안장애의 임상적 정의를 살펴보자. DSM-5에 따르면 사회불안장애에 대한 현 정의는 다음과 같다.

- 낯선 사람들에게 노출되거나 다른 이들에 의해 평가받을 수 있는 하나 또는 그 이상의 사교적 또는 수행적 상황에 대한 지속적인 공포. 개인은 자신이 창피나 망신을 당할 수 있는 방식으로 행동하거나 불안 증상을 보이게 될 것이라는 공포를 느낀다.
- 거의 예외 없이 불안을 야기하는 두려운 상황에의 노출. 이런

불안은 상황에 따라 반드시 공황발작을 일으키거나 공황발작을 일으킬 가능성이 있는 방식으로 나타난다.

- 개인은 이런 공포가 불합리하거나 과하다는 것을 인식하고 있다.
- 두려운 상황을 피하지 않을 경우 그 상황은 극심한 불안과 고통을 수반하며 지속된다.
- 두려운 사교적 혹은 수행적 상황에서 나타나는 회피, 불안의 예상이나 고통이 개인의 일상생활이나 직업적(학업적) 기능, 또는 사교생활이나 인간관계에 유의미하게 영향을 미친다. 또는 공포증을 가졌다는 것에 대한 뚜렷한 고통이 존재한다.
- 공포, 불안 또는 회피가 지속적이며 일반적으로 6개월 혹은 그 이상 지속된다.
- 공포나 회피가 어떤 물질(예: 의약품이나 약물)이 직접적으로 작용한 심리적 효과로 인해 발생하거나 정신장애가 아닌 일반질병으로 인해 발생한 것이 아니다.

핵심은 사회불안장애가 평가와 수치심에 대한 공포와 관련이 있다는 점이다. 이는 지극히 정상이다. 사회생활에서 밀려나고 싶은 사람은 아무도 없기 때문이다. 진화론적인 관점에서 역시 이해할 수 있다. 당신은 부족과 함께 있을 때 생존 가능성이 훨씬 높을 것이다. 보호를 받고 공용 자원에 접근할 수 있기 때문이다. 사회불안장애로 고통받는 사람들은 흔히 다른 사람들이 자신을 어떻게 인식하는지를 통제하고 싶어 한다. 또한 다양한 사회적 상황에서 용인되는 행동을 규정하는 꽤나 엄격한 규칙을 가지고 있다. 따라서 당신이 사회불안장애를 지니고 있다면 실패를 존중하고 '기분 좋게' 받아들이는 철학이 필요할 수도 있다. 사회불안장애 때문에 고통받는 사람들은 이런 믿음을 불합리하다거나 과하다고 생각할 수 있다. 그러나 이런 믿음은 공포스러운 활동에 참여할 것인지 결정을 내리는 데 주도적인 힘이 되기 때문에 매우 효과적이다.

사회불안장애를 극복하기 위해서는 우선 사회불안장애가 펼치는 심리전을 이해하고 그 불안이 주는 거짓말을 바로잡는 것이 필요하다. 두 번째로, 사회불안장애를 조장하는 잘못된 생각과 믿음에 도전하는 것이 중요하다. 세 번째로, 강렬한 불안을 피하거나 견디기 위해 당신이 하는 행동들을 살펴보고 그 행동들이 제대로 효과를 발휘할 수 있도록 체계적으로 바로잡아야 한다.

사회불안장애를 경험하는 모든 사람은 이를 조금씩 다르게 인식한다. 다음은 사회불안장애를 일으킬 수 있는 상황들 중 일부다. 어떤 경우가 당신에게 해당되는지 살펴보자.

- 공개된 장소에서 먹거나 마신다.
- 누군가에게 추파를 던진다.

- 누군가에게 데이트를 신청하려 한다.

- 사람들 앞에서 연설을 한다.

- 연극 등 공연에 참여한다.

- 무대에서 노래를 하거나 노래방에 간다.

- 결혼식에서 건배사를 한다.

- 권위 있는 누군가에게 말을 건다.

- 상점에서 물건을 환불한다.

- 파티나 사교 모임에 참석한다.

- 파티나 사교 모임을 주최한다.

- 공중화장실에서 용변을 본다.

- 교실이나 직장에서 발표를 한다.

- 잘 모르거나 낯선 사람과 말을 한다.

- 이미 회의나 파티가 시작된 후 그 장소에 들어간다.

- 누군가의 감시하에 일을 한다.

- 잘 모르거나 낯선 누군가에게 전화를 건다.

- 남들 앞에서 춤을 춘다.

- 잘 모르는 사람의 눈을 바라본다.

- 관심을 한 몸에 받는다.

- 권위 있는 사람들과 이야기를 하거나 소개를 받는다.

- 놀림이나 비판을 받는다.

당신이 사회불안장애를 겪는 상황 중 앞서 이야기한 목록에 포함되지 않는 경우가 있다면 추가해보자.

_____

_____

_____

_____

_____

사회불안장애의 거짓말

....

"당신 머릿속에는 뇌가 있고 신발 속에는 발이 있으니,
당신은 원하는 방향으로 어디든 갈 수 있다.
당신의 인생은 당신 것이고, 자신이 뭘 아는지 알고 있다.
그리고 당신은 자신이 어디로 갈지 정하는 장본인이다."

- 닥터 수스

사회불안장애가 당신에게 하는 거짓말에는 다음과 같은 종류들
이 있다.

거짓말 1: 사람들은 나의 불안을 눈치 채고 비판할 거예요

대부분의 사람은 당신의 내면 상태를 인식하지 못한다. 또한 사
람들은 자기 자신에게 집중하는 경향이 있기 때문에 아마도 자신
의 문제와 감정에 대해 생각하고 있을 것이다. 때로는 불안을 느끼

고 있다는 징후가 눈에 띄게 드러날 수도 있다. 얼굴이 빨개진다든지 말을 더듬는다든지 땀을 뻘뻘 흘린다든지 하는 식이다. 그럼에도 불구하고 나는 대부분의 사람은 당신이 불안해한다는 결론에 바로 도달하지는 못할 것이라고 생각한다. 예를 들어 사람들은 당신이 덥다거나 뭔가 매운 음식을 먹었다든가 아니면 아프다고 생각할 수도 있다.

어떤 사람이 당신의 불안을 눈치 챘다고 가정해보자. 이는 무슨 뜻일까? 당신은 사회불안장애 때문에 그 사람들에게 얕보일 것이라고 생각할 것이다. 하지만 사실 그 사람들은 당신을 이해하거나 적어도 공감할 것이다. 우리를 인간답게, 그리고 서로 이해하고 이어지게 만드는 것은 인간의 불완전성이다.

당신이 아는 사람 중 너무 빈틈이 없어 '완벽하게' 보이는 누군가를 떠올려보자. 당신은 그 사람을 얼마나 이해할 수 있는가? 얼마나 그를 좋아하고 감정적으로 가까워지고 싶은가? 대답은 아마도 '별로'일 것이다. 그 사람은 이해하기에 너무 어려운 존재이기 때문이다. 이제 잠시 가장 가까운 친구들을 떠올려보자. 당신이 단점을 너무나 잘 알고 있으며 있는 그대로 받아들이는 친구들 말이다. 그 단점들은 그 사람들을 훌륭한 사람이자 좋은 친구로 인식하는 당신의 관점에 얼마나 영향을 미치는가?

여기에서 다행인 점은 당신의 불안이 개인적이며 오직 당신의 눈에만 크게 보인다는 것이다. 아주 드물게도 다른 사람들이 당신의 불안에 주목하는 경우가 발생한다면, 나는 그 덕에 당신이 좀 더 사랑스럽고 호감을 주는 사람으로 보일 것이라고 감히 말하고 싶다!

거짓말 2: 사교적 상황에서는 늘 옳고 그른 행동이 존재해요

여기서 '모 아니면 도'라는 사고의 오류가 보인다면 그것이 정답이다. 이는 잘못된 이분법이다. 사교적 상황은 복잡하고 맥락에 따라 달라진다. 여기에는 단 하나의 정답이란 없으며 정답을 찾는 것은 의미가 없다. 사실 모든 문화와 하위문화마다 적절한 사회적 행동이라고 여겨지는 것에 차이가 존재한다. 우리는 모두 사회적으로 최선을 다하고 있으며, 실수를 저지를 경우 우리가 할 수 있는 것은 실수로부터 교훈을 얻고 앞으로 나아가는 것이다.

거짓말 3: 나에 대한 다른 사람들의 의견을 통제해야 해요

수천 년 전, 유명한 그리스 철학자 플라톤은 이렇게 말했다. "우리는 스스로의 명성을 통제할 수 없다." 이는 오늘날에도 여전히 통하는 진리다. 명성을 통제할 수 있다는 망상은 가능한 한 빨리 포기하자. 그리고 우리가 진짜 할 수 있는 것에 초점을 맞추자. 스스로의 가치를 바탕으로 행동하고 신념을 지킴으로써 진실한 삶을 사는 것이다. 나머지는 그저 흘려보내자.

명성관리 분야에 종사하는 사람들은 가끔 직장에서 인식이 조작되는 현장을 보기도 한다. 따라서 명성을 통제할 수 없다는 말을 믿기 어려울 때도 있다. 나는 우리의 언행이 명성에 영향을 미칠 수는 있지만 완전히 통제할 수는 없다고 믿는다. 우리가 원하든 원치 않든 간에 사람들은 스스로 마음을 정할 수 있는 자유를 지닌다.

거짓말 4: 사람들은 실수에 매우 엄격해요

사회불안장애는 당신이 실수를 저질렀을 때 다른 사람들이 당신에게 매우 냉정하고 비판적일 것이라고 생각하게 만든다.

밥은 중학교 시절 엄청난 괴롭힘을 당했다. 그는 또래 친구들보다 키가 작았고 말을 더듬었다. 때문에 그는 남들 앞에서 이야기하는 것을 극도로 두려워했다. 몇 년 후 그는 말 더듬는 버릇을 극복했지만 여전히 자신이 남들 앞에서 말을 버벅거려서 놀림을 받고 창피를 당할 것이라고 느꼈다. 어른이 되어 그는 남들 앞에서 말을 해야 하는 모든 상황에서 매우 긴장을 하게 됐다. 그 결과 그는 직장에서 자신에게 도움이 되리라는 것을 아는 순간에도 목소리를 높이는 것을 피하게 됐다.

밥과 같은 사례는 결코 드물지 않다. 어린 시절 놀림이나 괴롭힘의 대상이 된 적이 있다면, 그 악영향은 어른이 되어서까지 이어지는 경우가 많다. 어린아이들은 철저히 악랄해질 수 있는 존재다. 어느 정도는 어린아이들의 공감능력이 아직 발전 중이기 때문이다. 어른들은 차이에 대해 훨씬 더 연민을 가지고 인내하는 경향이 있다. 당신에게 이런 점이 문제가 된다면, 다른 누군가가 공개적으로 실수를 했을 때 당신이 어떻게 반응할 것인지를 떠올려보자. 그들의 창피함이나 실수를 언급하며 이를 강조할 것인가 아니면 연민을 느끼며 반응할 것인가? 만약 당신이 연민을 가지고 대하겠다는 대답을 했다면, 다른 사람들도 마찬가지 아닐까?

사고의 오류

당신이 사회불안장애로 고통받고 있다면, 아마도 다음에 나오는 사고의 오류 중 대부분에 해당될 것이다. 이런 사고의 오류 중 일부는 앞서 다룬 공황상태에서 벌어지는 사고의 오류와 유사하다.

개인화를 한다

문제점 누군가의 부정적인 행동이 당신에 대한 직접적인 반응이라고 추측한다.

해결책 다른 사람들의 행동은 보통 자기 자신 때문에 일어나는 경우가 많다. 자신의 존재에 대해, 자신이 겪어온 인생에 대해, 아니면 전날 밤 몇 시간을 잤는지에 대한 것들이다.

마음 읽기를 한다

문제점 누군가가 당신에 대해 어떻게 생각하는지를 추측한다.

해결책 우리는 다른 누군가가 무엇을 생각하는지 알 수 없다. 따라서 자신에게 너그러워지는 데 초점을 맞추는 편이 낫다.

부정적 낙인을 찍는다

문제점 당신은 스스로 낙인을 찍는다. 예를 들어 '나는 패배자야', '나는 지루한 사람이야', '나는 사교적이지 못해'와 같이 생각하는 것이다.

해결책 우리는 낙인을 찍음으로써 스스로 더 엉망진창이라고 느끼고 더욱 불안해진다. 자기 자신에게 연민을 가지고 자기대화를 연습하는 것이 낫다.

양자택일적 사고를 한다

문제점 사물을 단정적이거나 대척적으로 바라본다. 예를 들어 '내가 불안해하지만 않으면 모든 것이 괜찮을 거야', '인정받지 못하면 사람들이 나를 인생의 낙오자로 볼 거야'와 같이 생각하는 것이다.

해결책 인생에서 대부분의 상황은 입체적이다. 불안은 약-중-강의 단계를 아우른다. 수치스러움 역시 약-중-강의 단계를 모두 거친다. 당신이 극단적인 면에만 집중한다는 것을 깨달았다면 이제는 중간 단계를 찾도록 노력해보자.

예언을 한다

문제점 앞으로 상황이 어떻게 돌아갈지 알고 있다고 가정한다. '나는 그 파티에서 빠져야겠어. 왜냐하면 나는 분명 비참하고 끔찍한 시간을 보내게 될 테니까' 또는 '그 발표를 하지 않도록 변명거리를 찾는 것이 낫겠어. 왜냐하면 그 발표를 했다가는 모든 사람이 내가 얼마나 무능한지 알게 될 테니까'라고 생각하는 식이다.

해결책 눈앞에 닥친 상황에 초점을 맞추자. 현재에 초점을 맞추고 지금 이 순간 당신이 해야 할 일을 바라보자.

긍정적인 면을 무시한다

문제점 상황의 부정적인 측면에만 초점을 맞추고 문제없이 진행된 부분을 무시하거나 축소한다.

해결책 불안은 자동적으로 부정적인 느낌이나 생각을 만들어낸다. 당신에게 필요한 것은 그림의 균형을 맞추기 위해 긍정적인 점들을 찾아 추가하는 것이다.

부정적인 면에 초점을 맞춘다

문제점 경험의 부정적인 측면에만 초점을 맞추면서 마음속으로 계속 되새기거나('사후분석'이라고도 불린다) 과거의 부정적인 사건들을 다시 끄집어내려 한다.

해결책 그 대신 잘 풀리는/풀렸던 부분을 눈여겨보자.

파국으로 치닫는다

문제점 '만약 …하면 어쩌지?'라는 질문을 통해 최초의 시나리오를 만들어낸 뒤 가능한 한 최악의 결과에 초점을 맞춘다.

해결책 지금 이 순간과 지금 당신이 처한 상황에 초점을 맞춘다. 가상의 문제를 해결하려 하기보다는 본연의 문제로 돌아가도록 하자.

좋은 일은 착한 사람들에게만 생긴다고 여긴다

문제점 사회생활에서 완벽하게 행동함으로써 사회적 성공을 보장받고 어떤 사회적인 실수나 수치도 피할 수 있을 것이라 믿는다. 당신에게 도움이 되지 않는 경우에도 정중함을 갖춘다.

해결책 언제나 정중하고 친절한 사람이 될 수는 없다. 가끔은 자기주장도 강하게 내세우고 선을 긋거나 불편한 주제를 꺼내고, 아니면 그 자리를 뜰 수도 있어야 한다. 완벽한 사회적 관계라는 것은 없다. 사람들은 상황이 완벽하게 흘러가지 않더라도 보통 재빨리 넘기기 마련이다.

사회불안장애에 대한 믿음

다음에 나오는 사회불안장애에 대한 믿음들을 살펴보고, 당신에게 해당되는 것을 확인하자.

나는 호감형이 아니야

문제점 사회불안장애는 스스로가 사회적 동반자로서 어느 정도 호감을 줄 수 있고 바람직한지 의문을 갖게 만든다. 보통은 자신이 다른 사람보다 호감도가 낮은지 궁금해하는 것에서 시작되며,

결국 사회적 관계에서 더 많은 어려움을 겪게 된다. 이는 흔한 믿음이므로 한번 따져보는 것이 중요하다.

해결책 이 세상에서 사회적으로 성공했으나 호감을 주지 못하는 사람들을 한번 떠올려보자. 아돌프 히틀러는 뛰어난 웅변가였으나 대량학살의 책임이 있는 극악무도한 인간이기도 하다. 찰스 맨슨은 희대의 살인마로서 유죄판결을 받았으나 매우 매력적이고 사회적으로 성공한 사람으로서 수많은 여성을 유혹하기도 했다. 중요한 것은 당신의 호감도를 의문의 대상에서 빼버리자는 것이다. 내 경험상 사회불안장애를 지닌 사람 중 그 누구도 호감도에 문제가 있던 사람은 없었다. 그냥 당신이 호감 가는 사람이라고 가정하도록 하자. 이는 당신이 모든 사람의 사랑을 받아야 한다는 의미가 아니다. 우리는 그것까지 통제할 수는 없다. 누군가는 당신을 좋아하지 않겠지만 그래도 괜찮다. 정말로, 모든 사람이 당신을 좋아할 것이라든가 좋아해야만 하는 것은 아니다. 이는 당신이 해결해야 할 문제가 아니다. 당신은 자신이 알지 못하는 이유 때문에 때로는 당신을 싫어하는 사람이 있어도 괜찮아야만 한다.

나는 그럴 자격이 없어

문제점 아마도 내심 당신은 자신이 좋은 사회적 인맥이나 경험을 누리기에 충분한 자격이 있는 사람인지 궁금할 것이다.

해결책 '연대'나 다른 사람과 가까워지는 것은 기본적인 인간의 욕구다. 이를 달성하기 위해 당신이 해야 할 일은 없다. 이미 당신은 그럴 자격이 있으니까. 그럴 자격이 있다는 생각이 들지 않는다면 스스로에게 물어보자. '나는 무엇 때문에 그럴 자격이 없을까?' 그리고 대부분은 그 '무엇'이란 것이 존재하지 않음을 깨닫게 된다. 그러면 그냥 당신은 가벼운 마음으로 앞으로 나아가면 되는 것이다. 때로는 그 '무엇'에 대한 대답은 자기 자신과 자신의 사회적 호감도에 대한 불안감을 반영하기도 한다. '나는 전혀 매력적이지 않아', '나는 말발이 없어', '나는 유머감각이 빵점이야'와 같은 식이다. 그러나 평소에는 자기 자신이 그저 그런 사람이라고 어렴풋하게 느끼기만 할 것이다. 당신이 개인적으로 어떤 대답을 찾아냈든 간에 여기에 매우 완벽주의적인 기준을 들이댈 가능성이 매우 높다. 그 누구도 결점 없는 아름다움, 100퍼센트 완벽한 말발, 절대 실패하지 않는 유머감각을 가질 수 없다. 퀸카들은 잡티를 지우기 위해 사진을 포토샵하고 전문연사들도 말을 더듬고 실수를 저지른다. 그리고 훌륭한 코미디언들조차 때로는 재미없는 농담을 던진다. 당신의 초점을 강점 쪽에 맞춰보자. 당신의 부족한 점이 아니라 사회에 기여할 수 있는 부분들을 발견하게 될 것이다.

나는 무력해

문제점 당신이 사회불안장애로 고통받을 때 마음의 안정을 얻기 위해 사교적인 친구나 가족에게 지나치게 기대는 일이 흔히 발생한다. 물론 당신이 '안전하다'고 느끼는 사람과 함께 사교적 상황에서 다른 사람들을 만난다면 의지는 될 것이다. 그러나 이는 당신을 사회적으로 제한하고 당신이 스스로 할 수 없다는 믿음을 강화하게 된다.

해결책 나는 당신이 가능한 한 빨리 이런 의존성을 줄이고 없애기를 권한다. '안전한 사람' 또는 '안전한 주제' 없이 당신이 두려워하는 행동들을 해보자. 그 행동이 쉽게 느껴지기 위해서는 연습이 필요하다.

앞서 다루지 않은 내용들을 포함해 당신에게 해당되는 사회불안장애에 관한 부정적인 믿음들을 써보자.

_____

_____

_____

_____

_____

모든 상황마다 요구되는 적절한 행동이 존재한다

문제점 사회불안장애를 겪을 때는 모든 상황마다 요구되는 적절한 행동방식이 존재하는 것처럼 느껴진다. 그리고 우리가 그러한 행동을 하는 것에 실패할 때, 또는 우리가 그런 행동을 하지 못할 것이라고 믿을 때 불안은 증폭된다. 상황을 더욱 나쁘게 만드는 것은 우리가 때로는 그 적절한 행동이 정확히 무엇인지 알아낼 수 있을지 의심을 품는다는 점이다. 그리고 우리는 그 간극을 메우거나 상황을 전적으로 피하려고 노력하느라 무자비할 정도로 고통을 겪게 된다.

해결책 당신이 존경하는 누군가가 사회적인 실수를 저지르거나 사회적 관례를 살짝 '깨뜨렸을 때'를 살펴보라고 권하고 싶다. 그 결과는 어떠한가? 그 사람들은 그 상황을 어떻게 처리하는가? 눈에 딱히 띄지 않고 끝나거나 신속히 잊히는 방법이 있는가?

안전행동

우리는 가능하다면 스스로를 좀 더 편안하게 만들기 위해 무슨 일이든 하려 한다. 그리고 이는 불안 증세를 소리 없이 촉진하고 악화시킬 수 있는 의식으로 변질될 수 있다. 예를 들어 당신은 사람들을 사귈 때 마음을 안정시키기 위해 와인 한 잔을 마실 수 있다. 당신에게 음주 문제가 있다는 것이 아니다. 문제는 당신이 하나의 의식을 만들어버렸고 그 의식 없이는 핸디캡을 느끼게 된다는 점이다. 몇 가지 안전행동의 예시가 있다.

- 특별히 명확한 이유 없이 사교활동을 할 때 당신이 잘 아는 사람들과 언제나 동행하고 싶어 한다.
- 사람들과 어울릴 수 있을 만큼 편안함을 느끼기 위해 파티나 사교 모임에서 한두 잔의 술을 마셔야 한다.
- 사교 모임에서 사람들과 어울리는 일을 피하기 위한 행동을 한다. 예를 들어 자주 청소를 한다든지 모임 주최자를 도와 음식을 차린다든지 또는 당신을 단순한 손님의 위치에서 벗어나게 해주는 모든 행동에 참여한다.
- 당신이 안정감을 느낄 수 있는 물건들을 주변에 두어야 한다고 느낀다. 예를 들어 행운을 가져다준다는 토끼 발, 행운의 돌, 심지어는 평소에는 필요로 하지 않는 불안장애 치료약 등과 같은 것들이 있다.
- 안심을 하기 위해 적절한 사교적 행동, 무엇을 입을지, 어떻게 만날지 등을 여러 번 확인한다.
- 발표나 공연을 지나칠 정도로 준비한다.

- 사교적인 자리에 참석해도 괜찮다고 느껴질 때까지 행동을 반복하게 된다. 화장이나 머리를 하거나 어울리는 옷을 찾는 데 아주 오랜 시간을 들이거나 과하게 치장을 한다. 거울을 매우 찬찬히 들여다봐야 한다든지, 기도나 격려의 말을 외워야 한다든지, 사람들과 어울려도 '괜찮다'는 기분이 들 때까지 불안 관련 책의 특정 페이지를 읽어야 한다든지와 같은 행동을 반복하는 것이다.

안전행동은 회피의 일종이다. 이런 행동은 당신이 온전히 불안에 떠는 것을 막아준다. 그러나 한편으로는 불안이 스스로 사그라지는 것을 지켜볼 수 있는 장점 역시 누리지 못하게 방해한다. 이런 이유 때문에 당신은 레퍼토리에 포함되는 모든 안전행동을 없애려 노력하는 것이 중요하다. 당신이 하는 안전행동을 모두 목록으로 작성해보자. 그리고 포기하기에 가장 쉬운 행동부터 가장 어려운 행동까지 순위를 매기자. 그 후 가장 쉬운 행동을 하지 않는 것부터 시작하자. 그리고 점점 더 어려운 행동을 하지 않는 쪽으로 옮겨가자. 이런 과정이 지나치게 어렵다면 당신을 책임감 있게 붙잡아줄 친구에게 도움을 청하거나 불안장애 전문 치료사의 진료를 지속적으로 받아도 좋다.

현재 당신이 하는 안전행동이 무엇인지 생각해보고 써보자.

_____

_____

_____

_____

_____

사회불안장애의 핵심공포-당신의 개인적인 '그래서 뭐'

당신이 지닌 핵심적인 공포를 떠올려보자. 당신이 엄청난 불안을
느끼면서 피하거나 참으려고 하는 행동들에서 그 근거를 찾을 수
있을 것이다. 가끔은 스스로에게 물어보는 것도 도움이 된다. 당신
이 상상하는 가장 최악의 일이 실제로 벌어진다면 무슨 일이 생길
까 하고 말이다. 나는 이를 당신의 개인적인 '그래서 뭐(So What)'라
부르려 한다. 예를 들어 당신이 사람들 앞에서 이야기하는 것을 두
려워한다면 스스로에게 다음과 같이 물어보자.

Q: 내가 발표를 하다가 망쳐버리면 무슨 일이 생길까?
A: 아마 비웃음을 당할 거야.

Q: 그래서 뭐?

A: 사람들은 내가 멍청하다고 생각할 거야.

Q: 그래서 뭐?

A: 그래서 나는 승진하지 못할 거야.

Q: 그래서 뭐?

A: 그래서 나는 이 직장에서 오래 버티지 못할 거야.

Q: 그래서 뭐?

A: 난 실패할 거야.

위의 예를 보면 '실수를 저지르고 실패했다고 보이는 것'이 바로 핵심공포다.

다음은 사회불안장애의 핵심공포 목록이다.

- 사람들 앞에서 실수하고 실패한 혹은 무능한 사람으로 보이는 것.
- 열등하거나 부족한 사람으로 보이거나 평가받는 것.
- 다른 사람들이 웃거나 비웃게 만들고 창피당할 수 있는 어떤 일을 하는 것. 비호감이나 애정이 가지 않는 사람으로 보이는 것.

당신의 개인적인 '그래서 뭐'를 생각해보고 핵심공포를 써보자.

_____

_____

_____

_____

_____

긍정적인 주목 피하기

지금까지 우리는 부정적이거나 원치 않은 사회적 결과, 즉 비웃음을 당하거나 비판받거나 창피를 당하는 것에 대한 두려움을 피하기 위한 사회불안장애의 역할에 초점을 맞춰왔다. 당신이 사회불안장애를 가지고 있을 때 긍정적인 주목에 어떻게 대처하는지를 살펴보는 것 역시 중요하다. 긍정적인 주목이란 칭찬, 찬사, 또는 시상식을 통한 공식적인 인정 등 일이 올바르게 진행될 때 받게 되는 주목을 의미한다.

당신이 사회불안장애를 지닌 대부분의 사람들과 같다면, 당신역시 긍정적인 주목을 피하고 싶을 것이다. 당신은 의도치 않은 잘못을 저질렀을 때 받게 될 비판이나 창피를 피하기 위해 노력하는

만큼 긍정적인 주목 역시 피하고 싶은 것이다. 그렇다. 사회불안장애가 있는 사람은 그 어떤 주목도 받고 싶지 않다. 문제는 우리가 살아가면서 때로는 주목을 받아야만 하는 일이 있다는 것이다. 생일, 졸업, 그리고 특정한 업무 능력은 당신이 긍정적인 주목을 받을 수 있는 상황들의 예가 된다.

우선 당신이 피하고 싶은 긍정적인 주목을 받게 되는 상황을 목록으로 만들어보자. 그리고 극복하기에 가장 쉬운 항목부터 가장 어려운 항목까지 순위를 매긴다. 그 후 가장 쉬운 항목부터 연습을 시작해 점점 더 어려운 항목으로 옮겨가자.

당신이 긍정적인 주목을 받게 될까 봐 피하고 싶은 상황들에 대해 생각해보고 아래에 적어보자.

_____

_____

_____

_____

_____

제3부

공황과 불안을 다스리기 위한 실행계획

공황을 다스리기 위한
UNLOCK 시스템

....

"행동하지 않을 때 의심과 공포가 생긴다.
행동은 자신감과 용기를 불러일으킨다.
공포를 극복하고 싶다면 집구석에 앉아 생각해서는 안 된다.
밖으로 나가 바빠져야 한다."
- 데일 카네기

지금까지 우리는 공황과 불안을 다스리는 것에 관련한 생각과 믿음을 다스리는 방법에 대해 논의했다. 이제부터는 공황 및 사회 불안장애를 위한 구체적인 실행계획을 세우는 것에 초점을 맞추려 한다. 이 과정에서 중복과 반복이 느껴진다면, 공황과 불안을 치료하는 데 어느 정도 공통점이 있으며, 어쩌면 당신이 이미 이런 개념을 숙지하고 있기 때문일 것이다. 그렇다면 이는 좋은 일이다. 이 장의 핵심은 실행단계에 초점이 맞춰져 있다. 나는 당신이 충분한 시간을 들여 개인적인 실행계획을 세우고 실행할 수 있길 바란다. 그 과정에서 어려움이나 곤란함이 느껴진다면 막힌 부분을 뚫을 수 있는 방법을 다루는 장도 있다. 공황장애 극복을 위한 실행계획은 다음과 같은 단계를 포함한다. 기억하기 쉽도록 이를 언락unlock이라 부르려고 한다.

U(Understand, 이해): 공황 증상과 주기에 대한 진실을 이해하고, 공황이 당신에게 하는 거짓말을 구분할 수 있다.

N(Negate, 부인): 공황에 대한 사고의 오류를 부인하고 떨쳐버린다. 공황 증상을 부채질하는 부정적인 믿음을 구분하고 이에 반박한다.

L(Leverage, 활용): 당신이 지닌 공포나 두려운 공황 증상을 활용하고 스스로를 단련시킨다. 더 이상 두려워하지 않을 때까지 그 증상에 단련되면 공황을 극복할 수 있는 힘이 생긴다.

O(Openness, 개방성): 공황과 공황이 당신의 인생에 영향을 미치는 방식에 대해 매우 차별화된 태도를 취하겠다는 개방적인 자세를 갖춘다. 당신이 기대한 것보다 모든 일이 더 잘 풀릴 것이라고 믿는 태도를 개발하자.

C(Compassion, 자비): 자기자비의 자세를 갖추고 이를 연습한다.

K(Kindle, 유발): 작은 걸음으로 시작해 커다란 변화를 유발한다. 우선 덜 두려운 증상이나 상황에 맞서는 것에서 출발해 두려움이 더 큰 증상이나 상황으로 옮겨갈 수 있는 가속도를 얻어야 한다.

1단계: 공황 이해하기

이 책 초반부에서 다루는 공황에 대한 진실을 다시 한 번 읽어보자. 공황 증상과 관련해 당신이 속고 있는 부분을 써보고 이를 반박해보자. 예를 들어 '내 몸의 생리현상과 상관없이 공황 때문에 기절할 것 같은 느낌이 드는 것' 등이다.

_____

_____

_____

_____

2단계: 공황이 하는 거짓말 부인하기

공황을 경험하거나 더 심한 공황 증상으로 이어질 것 같은 순간 벌어지는 사고의 오류에 대해 써보자.

_____

_____

_____

_____

당신이 떠올리게 되는 부정적이거나 건강하지 않은 믿음들에는 무엇이 있는지, 그리고 그 믿음들이 왜 거짓인지 함께 적어보자.

_____

_____

_____

_____

_____

3단계: 공포 활용하기

이제는 당신의 공포를 활용할 시간이다. 상대편이 당신보다 더 강하게 느껴지더라도 상대의 힘을 역이용해서 승리를 거둘 수 있다는 점을 기억하자! 공황의 경우 우리는 증상을 억제하기보다는 이를 자극함으로써 승리로 이끌어가는 노출환경을 만들려고 한다. 공황 증상으로부터 도망치거나 이에 맞서 싸우기보다는 치료에 도움을 받기 위해 활용하는 것이다. 우리는 공황이 향하는 방향을 당신에게 도움이 될 목표 쪽으로 이끌어감으로써 그 힘을 무력화시킬 것이다.

공황발작이 일어나는 동안 당신을 가장 괴롭게 만드는 공황 증상(가장 두려운 증상)에 대해 써보자. 예를 들어 가쁜 호흡, 어지러움, 메스꺼움, 손발 저림, 빠른 심박수 등이 있다.

_____

_____

_____

_____

_____

다음으로는 그러한 감각을 야기시키기 때문에 당신이 연습해야 할 활동들을 써보자. 예를 들어 빠른 심박수가 문제라면 일부러 심박수를 높이기 위해 60초 동안 힘차게 제자리 뛰기를 하거나 달리기를 하는 방법이 있다. 어지러움이 문제가 된다면 회전의자에 앉아 빙글 돌아보고, 쓰러질 것 같은 느낌이 문제가 된다면 작은 빨대를 통해 숨을 쉬어볼 수도 있다.

_____

_____

_____

_____

_____

연습 후에는 당신의 노력이나 발전을 저해하는 모든 활동과 믿음이 무엇인지 점검해보고 그 목록을 써보자.

당신의 증상이 두렵지 않게 될 때까지 연습하자. 우리는 이런 식의 연습을 노출이라고 부른다. 왜냐하면 당신이 두려워하는 증상에 스스로를 노출하고 마주하는 것이기 때문이다. 이런 연습을 하는 동안에 당신은 어떻게든 불안을 감소시키기 위해 노력하지 말아야 한다. 즉, 어떤 생각의 방식이나 호흡법, 다른 이완법 등을 활용해서는 안 된다. 그리고 당신이 어떤 안전행동을 하는지 주의하자. 기억하겠지만, 안전행동이란 당신이 공황이나 불안의 감각을 줄이기 위해 따르는 행동이나 규칙을 의미한다. 안전행동은 이러한 노출에 방해가 된다. 안전행동이 필요 없는 쉬운 노출을 시도하는 것이 안전행동의 개입을 불러일으키는 어려운 노출을 시도하는 것보다 낫다. 이런 연습에 앞서 당신이 공황 때문에 심리전을 겪은 적이 있다면, 불안은 당신의 개입 없이도 저절로 사그라질 수 있다는 점을

믿어보자. 그리고 꾸준히 연습하자.

4단계: 개방적인 태도 갖추기

더 이상 공황 증상을 두려워하지 않게 될 때 당신은 어떻게 느끼고 생각하게 될까? 당신이 기대하는 것보다 더 긍정적인 결과들을 떠올려보자. 예를 들어, 평소에 당신이 '잘 될 리 없어'라고 생각한다면 이를 '나는 미래를 예측할 수 없어. 이 일이 잘 풀릴 수도 있고, 내가 예전에 시도했을 때보다 나아질 가능성도 있어'라고 바꿔보는 것이다. 그리고 좀 더 긍정적이고 달라진 결과를 향해 열린 가능성을 반영해 그 문장을 써보자.

_____

_____

_____

_____

_____

5단계: 자기자비 연습하기

당신이 점차 변화하고 있고 특히나 장기적인 관점에서 생각하고 있다면, 때로는 연습이 제대로 이루어지지 않거나 실수를 저지를 때도 스스로에게 자비를 베푸는 것이 중요하다. 당신이 좋아하는 친구나 어린아이에게 말하는 것처럼 자기 자신에게도 온화하면서 모질지 않게 말을 건네야 한다는 의미다. 예를 들어, '나는 여러 기술을 배우는 중이고 그 과정에서 실수를 저지른 거야. 이것은 내가 인간이라는 증거야'라고 받아들이는 식이다.

당신이 스스로의 모습이나 발전하는 정도가 만족스럽지 않을 때 스스로를 대하는 자비로운 방식들을 써보자.

_____

_____

_____

_____

_____

_____

6단계: 작은 변화로 더 큰 변화를 유발하기

공황 증상에 대한 공포 때문에 당신이 회피하거나 그 괴로움을 견뎌야 했던 활동들을 써보자. 다음 칸에 가장 쉬운 도전부터 어려운 도전까지 순위를 매겨보자. 가장 쉬운 과제부터 시작해서 점차 어려운 과제로 도전해보자.

_____

_____

_____

_____

_____

이런 활동들이 더 이상 불안을 자아내지 않고, 당신이 그러한 활동에 참여하는 것이 더 이상 두렵지 않을 때까지 연습하자.

사회불안장애를 다스리기 위한
UNLOCK 시스템

....

"배우고 실행에 옮기지 않는 것은 진정으로 배우지 못한 것이다.
알고도 행하지 않는 것은 진정으로 알지 못하는 것이다."

– 스티븐 R. 코비

다음은 사회불안장애를 극복하기 위한 UNLOCK 실행계획이다.

U(Understand, 이해): 사회불안장애에 대한 진실을 이해하고, 사회불안장애가 당신에게 하는 거짓말을 구분할 수 있다.

N(Negate, 부인): 사회불안장애에 대한 사고의 오류를 부인하고 떨쳐버린다. 사회불안장애를 조장하는 부정적인 믿음을 구분하고 이에 반박한다.

L(Leverage, 활용): 당신이 더 이상 사회불안장애를 두려워하지 않고 익숙해질 때까지 사회불안장애를 활용한다. 당신의 개인적인 '그래서

뭐' 질문을 파악한다. 당신의 핵심공포를 자극할 행동적 노출을 목록으로 만들어 순위를 매긴 후, 가장 쉬운 것부터 시작해 점점 더 어려운 것까지 도전한다.

O(Openness, 개방성): 사회불안장애와 사회불안장애가 당신의 인생에 영향을 미치는 방식에 대해 매우 차별화된 태도를 취하겠다는 개방적인 자세를 갖춘다. 기존에 떠올리던 사회불안장애의 결과보다 긍정적인 결과에 마음을 열자.

C(Compassion, 자비): 자기자비의 자세를 갖추고 이를 연습한다.

K(Kindle, 유발): 작은 걸음으로 시작해 커다란 변화를 유발한다. 추진력을 얻고 더 큰 변화를 만들어내기 위해, 우선 덜 두려운 상황에 맞서는 것부터 시작해 더 큰 공포를 자아내는 상황으로 넘어간다.

1단계: 사회불안장애 이해하기

앞서 다룬 사회불안장애가 하는 거짓말들을 다시 한 번 읽어보자. 사회불안장애가 당신에게 하는 거짓말들을 써보고 이를 반박해보자. 예를 들어, 사회불안장애는 모든 사람은 내 행동에 주목한다고 생각하게 만든다. 사실 사람들은 저마다 자신의 인생과 문제에 집중하느라 바쁜데 말이다.

_____

_____

_____

_____

_____

_____

2단계: 사회불안장애로 인한 사고의 오류와
부정적인 믿음 부인하기

사회불안장애를 경험하거나 더 심한 사회불안장애로 이어질 것
같은 순간 생기는 사고의 오류를 써보자.

_____

_____

_____

_____

_____

사회불안장애 때문에 활성화되는 부정적이거나 도움이 되지 않는 믿음들을 쓰고, 왜 그 믿음들이 틀렸는지에 대해 써보자.

_____

_____

_____

_____

_____

3단계: 핵심공포 활용하기

당신의 핵심공포에 대해 써보자. 예를 들어, 실수를 저지르거나, 다른 사람들로부터 비판받거나, 다른 사람들이 비웃거나 우습게 여길 행동을 하는 것이다.

_____

_____

_____

_____

_____

당신의 행동적 노출을 위해 핵심공포를 활성화시키는 행동의 목록을 만들어보자. 연습을 하는 동안에는 당신의 쑥스러움을 웃어 넘기거나 그 동작이 장난이라는 것을 보여주는 식으로 행동해서는 안 된다.

실수를 저지른다는 공포를 활성화시키는 행동의 예시

1. 상점에서 현금으로 무엇인가를 사거나 돈을 거슬러 달라고 부탁한 후 당신이 받은 액수가 정확한 것인지 물어본다. 그리고 잔돈을 천천히 세어보고는 당신이 실수했다고 인정한다.

2. 낯선 사람들과 엘리베이터를 탔을 때 잘못된 버튼을 하나 또는 여러 개 누른다. 이를 연습하기에 가장 좋은 방법은 사람들이 여럿 보일 때까지 대형빌딩 로비에서 기다리는 것이다. 그 후 그 사람들이 가려는 층의 버튼을 누를 때까지 기다린다. 일단 사람들이 버튼을 다 누르면 이미 눌려 있는 버튼 밑에 있는 버튼을 누른다. 당신의 목표는 소소하게나마 다른 탑승객들에게 영향을 미치면서 당신의 행동이 튀어 보이도록 만드는 것이다.

3. 동네 카페에서 자주 마시는 음료의 이름 등을 의도적으로 틀리게 발음한다. 남들에게 다 들리도록 발음하되 절대 웃어서는 안 된다.

비판받는 공포를 활성화시키는 행동의 예시

1. 고급 상점이나 부티크에 티셔츠나 잠옷 바지, 운동복 바지 등을 입고 방문한다. 판매원에게 그 상점에서 파는 제품 중 가장 비싼 것을 보여 달라고 요청한다.

2. 상점에서 스카프나 모자와 같이 망가지지 않는 제품 몇 개를 '실수로' 진열대에서 떨어뜨린다. 제품을 주워서 제자리에 놓으면서 실수가 눈에 띄도록 행동한다.

3. 물이 가득 찬 플라스틱 병이나 컵을 '실수로' 엎는다. 쏟은 물을 직접 치우거나 종업원들에게 당신이 도움이 필요하다는 것을 보여준다.

비웃음이나 조롱을 당하는 공포를 활성화시키는 행동의 예시

1. 약국에 가서 여성 위생용품이나 피임약 여러 통을 집어 들고 계산대로 가져가 가격이 얼마인지 묻는다. 대답을 들은 후 공손하게 "제가 사기에는 너무 비싸군요"라고 말한 뒤 약국에서 나온다.

2. 백화점에 가서 그곳에서 팔지 않는 부끄러운 제품을 요청한다. 예를 들어 초소형 콘돔이나 자위기구, 셀룰라이트 제거제 등이다.

3. 화장실에 가서 깨끗한 휴지 한 줄을 당신의 바지 뒤편에 걸려 늘어지게 만든다. 휴지가 재킷이나 겉옷에 가려지지 않고 눈에 제대로 띄는지 확인한다. 사람들로 붐비는 길거리에서 10분간

산책을 한다. 누군가가 당신에게 다가와 휴지 이야기를 해주면 고맙다고 말한 뒤 다른 곳으로 간다.

핵심공포를 활성화시키는 내 행동들

_____

_____

_____

_____

_____

4단계: 개방적인 태도 갖추기

사회불안장애 및 사회불안장애가 당신의 인생에 영향을 미치는 방식에 대해 매우 차별화된 태도를 취하겠다는 개방적인 태도를 갖춘다.

나는 당신이 매우 다른 방식으로 존재하는 모습을 상상해보라고 요청하려 한다. 첫 단계로, 당신이 매우 두려워하는 어떤 일이 일단 저지른 후에는 그 결과가 그다지 두렵지 않을 것이라고 생각해보자. 그 다음 단계로, 당신이 상상하던 것보다 훨씬 나은 방향으로 일이 흘러갈 것이라고 생각하자. 그리고 나서는 사회불안장애가 주는 공포 때문에 두려워하지 않고 오히려 신나게 되는 순간을 상상해보자. 마지막으로, 실수를 저지르는 것이 새로운 무엇인가를 발견하는 기회가 될 수 있다는 생각에 마음을 열자.

5단계: 자기자비 연습하기

자기자비의 자세를 갖추고 연습하자.

지금까지 당신이 회피해왔거나 참여하면서도 너무나 불안해했던 일들을 하라고 제안하려 한다. 가끔 당신이 변화를 일으키려 하는 것이 매우 쉽게 느껴질 수 있다. 어떤 때는 눈에 보이는 진전도 없이 느리게만 느껴질 수도 있다. 그럴 때면 당신은 마치 평소 움직이는 속도보다 훨씬 느리게 물속을 걷는 것처럼 느껴질 것이다. 진전은 다양한 모습으로 이루어진다는 것을 이해하고 당신만의 속도에 따라 움직일 수 있어야 한다. 때로는 변화가 쉽지 않을 수 있다. 모든 것이 당신이 생각하듯 신속하게 발전하지 못할 때 당신은 스스로에게 휴식을 주고 어느 정도 자기자비를 연습해야 할 필요가 있다.

6단계: 작은 변화로 더 큰 변화를 유발하기

당신에게 가장 심한 사회불안장애를 일으키는 상황들에 대해 써보자. 예를 들어 남들 앞에서 연설하기, 데이트하기, 파티 참석하기, 시시덕거리기, 잘 알지 못하는 사람에게 전화하기 등이 있다.

_____

_____

_____

_____

_____

두려운 상황에 익숙해지기 위해 당신이 해야 할 활동들을 써보자. 가장 쉬운 활동부터 어려운 활동까지 순위를 매긴다(1부터 10까지의 숫자 중에서 가장 불안하지 않은 활동에 1을 준다). 난이도 3 또는 4를 부여받은 활동부터 연습을 시작한다. 숫자를 사용하고 싶지 않다면 '매우 쉬움', '쉬움', '보통', '어려움', '매우 어려움'이라고 등급을 매긴다. '쉬움'에 해당되는 활동부터 시작해보자.

그 다음은 '의지'의 도표를 만들어서 당신이 두려운 활동을 할 의지가 각각 어느 정도 있는지 순서대로 써보자. 의지의 도표는 당신이 어디에 가치를 두는지 알기 위해 만드는 것이다. 다양한 상황에서 사회불안장애를 느끼는 사람은 스스로 가장 바꾸고 싶은 부분이 무엇인가에 따라 변화할 수도 있다. 예를 들어 연애에 있어서 사회불안장애가 가장 큰 걸림돌이라면, 당신은 데이트를 시작하고 싶은 욕구 때문에 그 영역에의 노출을 좀 더 우선순위에 두려고 할 것이다. 반면에 당신이 연설에 대한 두려움 때문에 직장에서 어려움에 직면했다면 그 영역에 도전하고 싶은 의지가 좀 더 클 것이다.

내 의지의 순위(1부터 10까지 순위를 매기며, 1은 당신이 가장 먼저 도전하고 싶은 과업을 의미한다)

1. _____
2. _____
3. _____
4. _____
5. _____
6. _____
7. _____
8. _____
9. _____
10. _____

일련의 활동에 성공하고 지금까지 당신이 매우 꺼리던 활동을 시도해보려는 의지가 커지면, 매번 활동을 한 후에 순서를 바꿀 필요가 있는지 이 목록을 다시 한 번 검토해보자.

대중연설과 관련해 사회불안장애를 자극하는 두려운 행동의 예시

1순위: 친구 앞에서 연설을 연습한다.

2순위: 5명의 동료와 상사가 참석한 회의에서 5분간 발언을 한다.

3순위: 아버지의 회갑연에서 축사를 한다.

4순위: 직장에서 전화회의를 주도하고 30분간 이야기를 한다.

5순위: 동네에서 열리는 낭독회에 참석해 자작시를 청중들 앞에서 읽는다.

6순위: 스피치 모임에 참석해 자기소개를 한다.

7순위: 직장에서 1시간 동안 발표를 한다.

8순위: 주택조합 회의에 참석해 프로젝트 제안서를 발표한다.

9순위: 업계 모임에 참석해 발표를 한다.

10순위: 스피치 모임에 참석해 50명의 사람들 앞에서 연설을 한다.

그 다음으로 당신이 두려워하는 활동에 대해 개인적인 순서로 목록을 만들어보자.

유사한 수준의 공포 또는 불안을 연습하기 위한, 당신이 두려워하는 활동의 순위

활동	의지 순위

이 연습이 끝난 후에는 당신의 노력이나 발전을 저해하는 활동이나 믿음의 목록을 검토해보고 써보자.

_____

_____

_____

_____

당신이 더 이상 증상이 나타나는 것을 두려워하지 않을 때까지 연습하자. 연습을 하는 동안에는 다른 사고법이나 호흡법, 완화법 등을 통해 따로 불안을 감소시키려고 노력해서는 안 된다. 이 연습을 하기 전에 사회불안장애와 심리전을 벌인 적이 있다면, 당신의 불안장애가 아무런 도움 없이도 스스로 가라앉을 수 있음을 믿어 보자. 그리고 꾸준히 연습하자.

긍정적인 주목에 대한 당신의 두려움에 맞서라

긍정적인 주목을 받을 수 있는 상황 중 당신이 현재 회피하거나 매우 불편함을 느끼는 상황들에 대해 써보자.

_____

_____

_____

_____

_____

_____

_____

_____

다음으로 당신이 그 두려움에 맞설 수 있도록 해주는 방법들을 써보자.

_____

_____

_____

_____

_____

다음은 긍정적인 주목을 받는 것에 대한 두려움에 맞서는 방식의 예들이다.

- 매력적이고 멋진 옷차림을 하거나 빨간 립스틱을 바른다.
- 개인적 혹은 직업적으로 당신이 거둔 성공에 대해 이야기한다.
- 인생을 살면서 잘 풀린 일에 대해 이야기한다.
- 사진을 보여주면서 당신이 보냈던 휴가에 대해 이야기한다.
- 아이가 있다면 그 아이가 잘하는 것에 대해 이야기한다.
- 애완동물이 있다면 그 애완동물의 장점에 대해 이야기한다.
- 당신이 기대하고 있는 어떤 일에 대해 이야기한다.
- 결혼식, 콘서트, 연극 등과 같이 당신이 참여했던 긍정적인 행사에 대해 이야기한다.

아마도 당신은 시작하는 것 자체가 가장 어렵다는 것을 깨닫게 될 것이다. 나는 당신이 가장 두려워하지 않는 주제부터 시작하길 권한다. 일단 시작하게 되면 스스로가 단단해졌다고 느끼는 순간이 온다. 그 이후로는 목록에 있는 나머지 주제들에 접근하기가 훨씬 쉬워질 것이다. 이 목록 때문에 약간 불안해도 괜찮다. 그게 정상이 니까! 그렇지 않을 경우 그 일은 시간을 들일 가치가 없다는 의미가 된다. 불안에 맞서기 위해서는 약간의 불안을 유발하는 것이 필요하다. 그러니까 당신은 제대로 하고 있는 것이다!

즉흥코미디가 사회불안장애를 진정시키는 방법

즉흥코미디 또는 애드리브는 대본 없이 진행되는 코미디의 일종이다. 보통 관객들의 제안에 따라 그 앞에서 전개된다. 그런 의미에서 이러한 코미디는 예행연습이 없으며, 이런 예술형식에 익숙하지 않은 대부분의 사람들을 겁먹게 만들 수도 있다. 즉흥코미디는 다음과 같은 면에서 사회불안장애에 도움이 된다.

1. 실수를 저질러도 좋다는 허용이 된다. 그렇다. 즉흥코미디는 가끔은 커다란 환호와 함께 실수를 축하한다. 이는 실수를 저지르는 것이 돌이킬 수 없고 참을 수 없는 일이라고 보는 사회불안장애의 개념과는 정반대된다. 일단 즉흥코미디를 하게 되면 대부분의 실수가 용인된다. 어떤 실수는 눈에 띄지 않고 넘어가고 또 어떤 실수는 신나고도 놀라운 일이 된다는 것을 깨닫게 된다. 관객이 요청하는 코미디 주제를 잘못 알아들었을 때 그 뒤로는 그저 웃긴 연기가 나오는 우스꽝스러운 장면이 이어지고 관객들은 이를 사랑하게 되는 것이다.

2. 즉흥코미디는 당신이 자신의 빈틈을 드러내고 그 빈틈을 견디도록 만든다. 즉흥코미디는 실시간 단체운동이다. 당신은 경기가 어떻게 흘러갈지 알 수 없으나, 그곳에 있어야만 하고 바보처럼 보이는 위험을 감수해야 한다. 즉, 모든 이가 비판에 취약해지는 것이다. 이는 사회불안장애의 핵심공포 중 하나인 비판의 공포를 겨냥하는 것이다.

3. 즉흥코미디는 호감을 주거나 소중하게 대접받지 못할 것 같다는 우리의 두려움을 다룬다. 즉흥코미디의 가장 중요한 요소 중 하나는 당신의 파트너를 지원하는 것이다. 이를테면 각 장면은 당신이 기여하고 있음을 드러내고 이에 가치를 부여하며 당신을 지지해주는 기회가 된다.

우울증과 불안

불안과 싸우다 보면 지치게 된다. 그리고 불안증에 시달리는 사람 중 일부는 우울증을 경험하기도 한다. 불안증을 가진 사람들 중 무려 60퍼센트가 우울증도 겪고 있는 것으로 추정된다.

우울증은 슬픈 기분, 일반적으로 기분 좋게 느끼는 활동들을 즐길 수 없음, 자기 자신과 그 미래에 대해 부정적인 관점을 가짐, 수면장애나 몸무게의 증감, 절망적인 기분 등으로 규정된다. 그리고 어떤 경우에는 자살충동을 느끼는 사람도 있다.

우울증을 겪고 있을 때 당신은 혼자가 아니라는 것을 기억하자. 자살충동이나 삶을 마감해야겠다는 생각이 든다면 반드시 누군가에게 이야기하고 전문적인 도움을 받아야 한다. 1년 365일, 언제든 자살예방핫라인을 통해 도움을 받을 수 있다(우리나라의 경우 1577-0199에서 24시간 상담이 가능하다-옮긴이).

자살충동을 느끼지는 않지만 우울 증상을 경험하는 경우 시도할 수 있는 몇 가지 전략이 있다.

1. 운동을 한다.

    매일 최소한 30분 동안 적당한 운동을 하도록 노력한다. 가능하다면 야외에서 운동을 하자.

2. 즐거운 활동에 관한 목록을 작성하고 적어도 하루에 하나 이상 할 수 있도록 계획을 짠다. 그 시간을 기다리고 음미한다. 예를 들어 다음과 같다.

    - 가장 좋아하는 허브차를 한 잔 마신다.

    - 네일숍에 가거나 집에서 매니큐어를 바른다.

    - 천천히 거품목욕을 즐긴다.

    - 재미있는 책을 읽는다.

    - 마사지를 받는다.

    - 친구와 시간을 보낸다.

    - 신선한 꽃이나 화분을 산다.

    - 그림, 사진, 콜라주 등 창조적인 작업을 한다.

- 카페에 앉아 사람들을 구경한다.

- 가장 좋아하는 미술관에 간다.

- 가장 좋아하는 음식을 만든다.

- 애완동물과 논다.

- 지난 휴가 때 찍은 사진을 본다.

- 악기를 연주한다.

- 가장 좋아하는 음악을 듣는다.

- 다음 휴가를 계획한다.

- 자녀들과 재미있게 논다.

- 정원을 손질한다.

- 밤하늘의 별을 바라본다.

- 일출이나 일몰의 아름다움을 감상한다.

위의 활동에 당신이 즐기는 활동을 더함으로써 목록을 강화할 수도 있다.

3. 사교적인 도움을 얻는다.

당신이 가장 좋아하는 사람들과 시간을 보낸다. 당신의 기분이 어떻고 무엇이 필요한지 그들과 수다를 떤다. 당신이 원하고 희망하는 바를 이야기한다. 당신이 사랑하는 누군가와 함께하고 마음을 나누는 시간을 즐긴다.

4. 봉사활동을 한다.

봉사활동은 우리 마음에 긍정적인 효과를 준다. 다른 누군가를 돕기 위해 잠깐의 시간을 할애하는 것이 때로는 당신의 관점을 바꾸고 통찰력을 부여해줄 수 있다. 거주 지역의 봉사단체를 찾아보자. 병원, 시민단체, 종교기관 등이 적절한 장소가 될 것이다.

5. 적극적으로 산다.

우울증 때문에 당신은 집에 틀어박혀 있고 지나치게 낮잠이나 밤잠을 자거나 당신이 좋아하던 사람이나 활동을 회피할 수 있다. 그러한 유혹에 넘어가지 말자. 이는 당신 기분을 더욱 나쁘게 만들 가능성이 높다. 침대에서 일어나 친구들을 만나자. 그리고 딱히 그렇게 하고 싶지 않더라도 늘 바쁘게 살자. 고립되어 있거나 한발 물러서 있을 때보다 바쁘게 지낼 때 기분이 더 나아지기 마련이다.

6. 감사 일기를 쓴다.

아주 사소한 것이라도 감사하는 모든 것에 대해 쓰자. 예를 들어 다음과 같다.

- 내 건강.
- 내 편이 되어주는 가족.
- 내 아이들.

- 내가 스키 타는 법을 배웠다는 것.

- 내게 직장이 있다는 것.

- 내가 음식이나 머무를 곳, 깨끗한 물에 대해 걱정할 필요가 없다는 것.

- 내가 엄청 맛있는 가지요리를 할 수 있다는 것.

- 내가 사랑하는 사람과 결혼했다는 것.

- 어젯밤에 최고로 맛있는 초콜릿케이크를 먹었다는 것.

- 내 몸을 움직여 달리기도 하고 운동도 할 수 있다는 것.

- 모든 사람이 교육을 받을 수 있는 권리를 누리는 나라에 산다는 것.

- 중서부 지방의 아름다운 가을을 직접 볼 수 있다는 것.

- 기대치 않게 느긋한 점심을 즐겼다는 것.

- 기다리던 전화를 몇 통 받았다는 것.

- 여름복숭아와 자두를 맛볼 수 있다는 것.

- 오늘 아침 낯선 이가 내게 미소를 보냈다는 것.

- 내가 수영을 할 줄 알고 좋아한다는 것.

- 내 애완동물.

- 훌륭한 콜라주 작품을 만들 수 있는 능력.

- 운동화를 신고 힘든 달리기 코스를 주파했다는 것.

감사한 일 50가지를 채울 수 있을 때까지 매일 목록을 추가해보자. 그러고 나서 이틀이나 사흘마다 목록을 살펴보고 매번 적어도 하나의 항목을 더하도록 하자.

경외심을 일깨움으로써 우울증을 극복하는 법

경외심이란 아이들이 매일 즐기고 경험하는 놀라움과 감탄의 조합이다. 어른이 되면서 이런 감정을 느끼기가 점차 어려워진다. 다행히 우리는 매우 간단한 경험을 통해 경외심을 다시 일깨울 수 있다. 당신이 우울증과 싸우고 있다면, 경외심을 느끼는 것이 다음과 같은 방식으로 도움이 될 것이다.

1. 자기 자신과 자신의 투쟁보다 더 큰 존재를 경험하고 그 존재와 가까워진다. 예를 들어 자연 안에서 당신은 탁 트이고도 놀라운 광경을 다양하게 보고 경외심을 느끼게 된다. 다음번에 걷거나 등산을 하게 되면 자연의 모습이 어떻게 당신에게 와 닿는지 눈여겨보자. 끝없는 하늘, 아름다운 물길, 웅장한 산맥, 나무와 다채로운 잎사귀 같은 것들에 주목하자.

2. 음울한 기운에 직접 맞선다. 우울증은 암울하고 칙칙한 날들만 나를 기다리고 있다는 생각을 안겨준다. 이와 상반되는 행동을 해보자. 자연과는 거리가 먼 대도시에 살고 있다면 자연풍광을 담은 사진을 보고 동물원이나 식물원 등을 찾아가보자. 운이 좋게도 당신이 공원이 많고 자연을 가까이 하기에 쉬운 지역에 살고 있다면, 산책을 나가 한껏 펼쳐진 다양한 자연의 색감을 눈여겨보자.

3. 즐거움의 감정을 느껴보자. 경외심은 긍정적인 감정이다. 그리고 경외심을 가지는 것은 또 다른 에너지를 불어넣고 자극하는 계기가 된다. 다음 주 내내 될 수 있는 한 많은 장소를 찾아가 경외심을 찾는 게임을 해보자. 자연이 아니더라도 다양한 장소와 상황들에 마음껏 다가가자. 화려한 도시야경을 즐기거나 프로운동경기를 관람하거나 당신이 존경하는 누군가의 개성에 감탄해보자. 그리고 어떤 느낌이 드는지 살펴보자.

약물의 역할

치료를 받으면서 약물을 쓸 수도 있고 쓰지 않을 수도 있다. 당신의 증상이 매우 심각한 경우, 인생의 중요한 부분이 영향을 받는 경우(예를 들어 일을 할 수 없는 경우), 또는 당신이 위기에 처했다고 느끼는 경우 향정신성 의약품을 쓸 것인지 진단받는 것도 좋은 방법이다. 약물은 당신이 불안과 싸울 때 지원군이 되어준다. 그러나 약물은 근본적인 해결책이 아니기 때문에 단독으로 쓸 수 없다. 약물은 단지 복용하는 동안 현재의 증상을 완화시켜줄 뿐이다.

약물에는 다양한 종류, 즉 지속작용약물과 단기작용약물이 있다. 지속작용약물은 오랜 시간에 걸쳐 효력을 발휘하며 당신이 겪는 증상과는 상관없이 매일 복용해야 한다. 단기작용약물은 매일 복용하도록 처방될 수도 있지만 기본적으로는 일단 증상이 발생했을 때 복용한다.

불안관리를 위해 처방되는 지속작용약물은 보통 선택적 세로토닌재흡수억제제(Selective Serotonin Reuptake Inhibitor, SSRI) 계열이다. SSRI는 신경전달물질인 세로토닌이 재흡수되는 것을 억제함으로써 뇌에서 더 많이 작용하도록 만든다. 흔히 처방되는 SSRI에는 플루옥세틴(제품명 프로작), 설트랄린(제품명 졸로프트), 플루복사민(제품명 루복스), 파록세틴(제품명 팍실), 에스시탈로프람(제품명 렉사프로), 시탈로프람(제품명 세렉사) 등이 있다. SSRI는 시냅스(신경세포 간 연결 부위)에서 세로토닌의 재흡수를 억제하면서 작동한다. 즉, 약을 먹지 않았을 때보다 더 오랜 시간 동안 세로토닌이 신경계에 머물도록 하는 것이다. 이는 당신의 불안을 낮추는 것에 긍정적인 효과를 미친다. 당신이 불안과 우울증을 겪는 경우 이런 약물은 두 증상을 모두 치료할 수 있다. 일반적으로 이런 종류의 약물은 전체적인 불안 수준에 영향을 미치며, 당신이 예전에 매우 불안을 유발한다고 느꼈던 상황을 더욱 쉽게 견디도록 해준다. 약물에는 중독성이 없으며 모든 불안이 사라지게 만드는 것도 아니다. 즉, 당신이 서서히 공포에 맞서는 과정에서 이런 종류의 약물을 시도해볼 수 있다는 의미다. 약물요법만 쓰는 것은 완전한 치료계획이 될 수 없다. 일반적으로 약물의 효과는 복용을 중단했을 때 사라지기 때문이다. 불안을 다스리기 위한 다른 시도를 하지 않았다면 당신의 증상은 약물 복용을 중단하는 순간 되살아날 가능성이 높다는 의미다. 반면에 불안과의 심리전에서 이기려고 노력해왔으며 이를 통해 공포에 맞설 수 있었다면, 당신은 약물 복용을 중단한 이후에도 그동안 쌓아온 성과를 이어가기에 유리한 위치를 차지하게 된다. SSRI는 때론 당신의 불안을 치료하는 또 다른 수단이 될 수 있다.

불안 증상을 두고 처방되는 단기작용약물은 보통 두 가지 계열로 나뉜다. 바로 벤조디아제핀과 베타차단제다. 흔히 처방되는 벤조디아제핀에는 알프라졸람(제품명 자낙스), 로라제팜(제품명 아티반), 클로나제팜(제품명 클로노핀) 등이 있다. 벤조디아제핀은 유도아미노산 또는 GABA라고 불리는 진정용 신경전달물질의 역할을 강화함으로써 중추신경계를 진정시킨다. 벤조디아제핀은 내성이 생길 위험이 있으며 특히나 장기간 복용할 경우 신체적으로 중독될 수도 있다.

인데랄과 같은 베타차단제는 베타 아드레날린 길항제다. 이 약물은 노르에피네프린과 아드레날린 등의 스트레스 호르몬의 효과를 억제하며 따라서 때로는 공황발작을 치료하기 위해 처방되기도 한다. 왜냐하면 빠른 심장박동수처럼 투쟁-도피 반응과 연계되는 신체적 증상을 완화시키기 때문이다. 그러나 베타차단제는 신체적으로 중독되는 대신 심리적으로 중독될 가능성이 있다. 즉, 베타차단제 없이는 적절히 기능할 수 없다고 느끼게 될 수도 있는 것이다.

위기 상황이 아닌 이상 단기작용약물을 복용하는 것은 최선의 방법이 될 수 없다. 특히 당신이 공황장애나 공포증을 앓고 있다면 이 약물은 오히려 당신에게 도움이 되지 않는 방향으로 작용할 수 있다. 왜냐하면 약 때문에 당신에게 필요한 불안 증상을 온전히 겪지 못하게 되기 때문이다. 당신이 원하던 것일지 몰라도 이는 실제로 마치 회피와 같은 기능을 하게 된다. 즉, 당신 몸이 스스로 작동하는 불안감소 메커니즘을 경험할 수 없게 되는 것이다. 오직 자격을 갖춘 전문 의료진만 약을 처방하고 제공할 수 있다. 그러나 나는 당신이 주치의에게 단기작용약물을 추천받았을 경우 이에 대해 당신이 우려하는 부분을 상담해보기를 권한다. 당신이 현재의 약물요법에 변화를 주고 싶다면, 이를 전문의와 의논하자. 전문 의료진의 지시 없이 약물을 변경하는 것은 역효과를 불러올 수도 있다.

많은 사람들은 약물을 복용하거나 치료계획에 포함시키기를 꺼린다. 당신이 심각한 정서적 위기를 겪고 있지 않다면 약물 없이 불안과 맞서 싸우는 것이 가능하다. 이미 당신이 불안증 때문에 벤조디아제핀이나 베타차단제를 처방받고 있고, 약물의 효과가 의심스럽거나 약물 의존성이 높아지고 중독되어가는 것 같다면 주치의와 상담하자. 당신에게 가장 좋은 치료법이 무엇인지 잘 모르겠다면, 자격 있는 정신건강의에게 상담을 받는 것이 확실한 방법이다.

불안관리의 장애물 극복하기

....

"뭔가를 이루려 할 때 분명 장애물이 나타날 것이다.
나도 그랬고 모든 사람이 그러니까. 그러나 장애물 때문에 멈출 필요는 없다.
눈앞에 나타난 벽 때문에 뒤돌아가지도, 포기하지도 말라. 그 벽을 오를 방법이 있는지,
뚫고 지나갈 방법이 있는지, 또는 빙 둘러갈 방법이 있는지 알아내라."
– 마이클 조던

빠른 변화를 기대하는가?

당신이 새로운 기술을 배울 때 어떤 기술은 다른 기술들보다 더 빨리 습득하게 된다는 것을 알게 될 것이다. 일반적으로 우리는 빠른 성과를 얻을 때 긍정적이고 만족스러운 느낌을 갖게 된다. 그러나 긍정적인 변화가 천천히 일어날 경우 기분이 상하고 심지어 포기하고 싶은 마음까지 들기 마련이다. 이는 우리의 기대와 관련 있다. 대부분의 사람은 처음에 문제가 발생한 후 몇 년이 지나서야 불안에 대해 뭔가를 시도한다. 개입하기까지 몇 년이나 걸린 일이 어

떻게 신속하게 변할 수 있겠는가? 불가능한 일이다. 또한 당신에게 필요한 새로운 기술을 연마하는 데 오랜 시간이 걸린다면 자기자비도 함께 연습해야 한다. 그리고 자기 스스로에게 친절함과 인내를 보여야 한다. 당신은 이 모든 기술을 재빨리 숙달해야 할 필요는 없다. 그보다 당신은 수련의 길에 올라 새로운 평생의 습관을 기르고 있는 중이며 이를 위해서는 시간이 걸릴 수밖에 없다는 점을 명심하자.

모든 기술을 쉽게 터득할 것이라 기대하는가?

당신이 배우고 있는 기술 중 일부는 비교적 쉽게 발전시키고 연마할 수 있다. 예를 들어 긴장을 푸는 기술을 배우는 것이 어떤 환자에게는 매우 쉽지만, 어떤 환자에게는 힘겨운 싸움처럼 느껴진다. 불안이 언제나 고속전투기처럼 당신의 마음을 뒤흔든다면, 이때는 긴장을 푸는 행동 자체가 공포스럽거나 극도로 불편하게 느껴질 수 있다. 그럴 때 특정 기술을 개발하는 것에 대한 어려움을 진전이 없다고 간주하지 않는 것이 중요하다. 나는 기술을 배울 때 마치 새로운 언어를 배우는 것처럼 접근하길 권한다. 완전히 생소한 언어를 쉽고 편안하게 사용하려면 그만큼 시간과 연습이 필요하다.

비난이 앞길을 가로막는가?

당신은 투병 도중 맹렬한 질책의 기운을 느낄 수도 있다. 당신 마음속에 피어나는 이런 잡음을 조심하고 스스로를 비난하거나 탓하지 않는 것이 중요하다. 마음속 잡음을 바쁜 대도시 길거리에서 들려오는 소음 정도로 취급하자. 늘 들려오는 소리지만 그 소리에 얼마나 관심을 기울일지 결정하는 것은 당신이다. 즉, 당신은 그 질책의 소음에 초점을 맞출지 아니면 더 가치 있는 것들에 초점을 맞출지 정하게 된다. 집중력이 흐트러질 때면 직전에 하던 일로 돌아가도록 하자.

변화의 가능성에 마음을 열고 있는가?

처음에 환자들에게 몇 달 후면 인생이 매우 달라진 것처럼 느껴질 것이라고 이야기하면, 환자들은 이를 상상하는 것조차 어려워하는 경우가 가끔 있다. 결국 불안과 그에 따른 습관적인 계획이 너무 익숙해져서 다른 변수는 회의에 부딪히게 되는 것이다. 나는 당신이 언제나 이런 식으로 살아가지 않아도 된다는 가능성에 마음을 열길 바란다. 특히 우리는 불안과 공황장애를 극복하려는 여정에서

장애물을 만났을 때 힘들어진다. 당신의 목표를 마음속에 그려보는 것이 이 여정을 끝까지 완주하는 데 도움이 된다는 점을 기억하자. 당신은 그 변화가 일어난 후에야 진심으로 이를 믿게 되겠지만 그때까지 나는 믿음을 가지고 연습한다면 불안과 공황을 극복할 수 있을 것이라고 당신을 격려하려 한다!

공포에 맞서기가 너무 어렵다고 느껴지는가?

가끔 자신만의 생각과 믿음을 가지고 노력해도 공포에 맞서기가 어렵다면, 이는 당신이 설정한 연습의 기회가 너무 어렵기 때문이다. 해결책은 연습 대상을 좀 더 쉽고 감당할 수 있는 수준으로 낮추는 것이다. 예를 들어 매력적이라고 느끼는 사람들에게 작업을 거는 연습이 어렵다면 먼저 아이콘택트를 하는 것부터 시작하는 것이 나을 수도 있다. 그렇다면 아이콘택트를 하고 미소를 짓는 것으로 바꿔보자. 그 다음번에는 아이콘택트를 하고 미소를 지은 뒤 인사를 하는 연습을 하게 될 수도 있다. 그리고 그 다음에 또 연습의 기회가 온다면 누군가에게 칭찬의 한 마디를 건네기로 결심할 수도 있다.

이 모든 단계를 거친 후에야 당신은 연애를 하기 위한 작업의 단계로 넘어갈 수 있게 된다.

충분한 모멘텀을 마련하고 있는가?

당신에게 적합한 연습이나 노출의 기회를 목록으로 작성했지만 그 목록을 실행하거나 진전시키는 것이 여전히 어려울 수도 있다. 그 노출 자체가 그다지 어렵지 않은 수준일 경우 여기에서는 모멘텀이 문제가 됐을 가능성이 있다. 우리가 노출에 익숙해지는 과정에서 단 한 번만 노출 연습을 하고 그 후 며칠 쉬어간다면 그 직전에 거둔 성공의 에너지나 동기를 그대로 유지하는 것이 어려울 수도 있다. 여기에서 성공이란 노출이나 연습의 기회를 놓치지 않고 완수했다는 의미다. 따라서 나는 당신이 연달아 세 번의 성공을 거두면서 노출을 '차곡차곡' 쌓는 연습의 기회들을 마련하라고 권하고 싶다. 이런 방식을 통해 당신은 연습을 이어가야만 한다. 그리고 노출의 성공을 그저 요행으로 치부하고 싶은 유혹에서 벗어나기 위해 필요한 모멘텀을 마련하게 된다. 노출이 누적될 때 당신은 매번 혼신의 힘을 다 쏟아야만 한다는 느낌 없이 연습을 이어갈 수 있게 된다. 이런 식으로 노출을 누적시키고 며칠 연속 실행에 옮길 때 그 성과는 더욱 커진다. 그리고 당신은 더 신속히 발전할 수 있게 될 것이다.

역경에 부딪혔을 때 회복탄력성을 강화할 수 있는 일곱 가지 방법

1. 희망적인 관점을 갖는다. 낙천주의는 회복탄력성과 관련이 있다. 이 방법이 쉽지 않을 경우 다른 낙천적인 친구들이 이 상황을 어떻게 바라보는지 스스로에게 물어보자.

2. 좋은 지지적 관계를 쌓는다. 가족 및 친구들과 좋은 관계를 유지하는 사람들은 좀 더 행복하고 회복탄력성이 강한 것으로 나타났다.

3. 위기의식 자체를 역경으로 생각하지 않는다. 중압감이나 과잉반응을 느끼지 않더라도 어려운 상황을 돌파하기란 그 자체로 쉽지 않다. 그러니 행동에 초점을 맞추도록 노력하자.

4. 스스로에게 특별한 관심을 기울인다. 충분한 휴식과 영양, 운동이 있다면 역경을 견디기가 더욱 쉬워진다.

5. 역경을 스스로에 대해 알고 성장할 수 있는 기회로 인식한다. 이런 태도를 갖춘 사람들은 상황을 더 넓은 관점으로 볼 수 있다.

6. 자신에 대한 긍정적인 관점을 개발하고 유지한다. 당신에게는 힘겨운 상황과 역경을 헤쳐 나갈 수 있도록 도와줄 힘과 자원이 있다는 사실을 되새기자. 자신의 강점에 관한 목록을 만들고 이를 주기적으로 살펴보자.

7. 목표를 세우고 행동으로 옮긴다. 개인적으로 목표를 가지고 당신의 상황을 치유하거나 개선하기 위해 조치를 취하는 것은 회복탄력성의 개발과 연결된다.

제 4 부

불안관리의
평생계획

평생 성과를 유지하라

....

"우주 만물에는 목적이 있다.
실제로 목적을 가지고 만물을 관통하는 보이지 않는 지성은 당신 안에도 흐르고 있다."
- 웨인 다이어

지금까지 당신은 공황과 사회불안장애를 다스리기 위한 단계들을 거쳐 실행계획을 세웠다. 이 책의 후반부에서는 평생에 걸친 불안관리 방법에 초점을 맞출 것이다. 따라서 우리는 지금까지 거둔 성과를 어떻게 유지할 것인지 그 방법을 다루려고 한다. 또한 공황과 사회불안장애를 관리하는 것에 있어서 당신의 발전을 유지하고 계속하기 위한 평생의 습관을 키우는 방법을 알려줄 것이다.

자기관리

홀륭한 자기관리는 평생불안관리의 핵심이다. 여기에서 자기관리란 총체적인 자기관리를 의미한다. 그리고 수면, 휴식, 운동, 영양, 인맥, 영성 등 개인적인 욕구를 충족하기 위해 시간과 자원을 쏟는 행위를 포함한다. 자기관리는 이기적인 행동과 전혀 다르다. 오히려 반대라 할 수 있다. 홀륭한 자기관리를 지속적으로 연습할 때 당신은 다른 사람들에게 마음을 열고 가장 중요한 인간관계를 형성할 수 있게 된다.

수면

당신이 어느 정도 수면을 취하는지 살펴보자. 대부분의 성인은 하루에 7~9시간 정도 잠을 자야 한다. 충분한 수면을 취하지 못할 때 당신의 호르몬 농도와 감정 수준, 불안 수준에 영향을 받을 수 있다. 당신에게 필요한 수면시간은 얼마나 될까? 이는 상황마다 다르다. 며칠간 자명종 없이 잠에서 깨도록 해보자. 무엇을 발견했는가? 잠에서 깨어나 아침을 먹을 때 졸렸는가? 그럴 경우, 그리고 권장수면시간보다 적게 잠을 자고 있다면 매일 30분 정도 더 자는 것을 며칠 실행해보고 어떻게 느껴지는지 살펴보자. 여전히 피곤을 느낀다면 의사와 상담해보자. 아마도 수면의 질과 수면장애 여부를 확인하기 위해 수면검사를 권유받을 수도 있다.

밤에 잠을 청하거나 중간에 깨어났다가 다시 자려 할 때 어려움을 느낀다면 다음과 같은 연습을 해보자.

✓ 잠들기 연습

가장 편안한 수면자세를 취함으로써 이 연습을 하는 동안 움직이거나 자세를 바꿀 필요가 없도록 하자. 다음 문장을 순서에 따라 천천히 반복해보자. 그리고 필요한 경우 여러 번 반복하자.

- 내 이마는 피곤하고 무겁고 졸리고 움직일 수 없다.
- 내 눈은 피곤하고 무겁고 졸리고 움직일 수 없다.
- 내 뺨은 피곤하고 무겁고 졸리고 움직일 수 없다.
- 내 턱은 피곤하고 무겁고 졸리고 움직일 수 없다.
- 내 머리는 피곤하고 무겁고 졸리고 움직일 수 없다.
- 내 목은 피곤하고 무겁고 졸리고 움직일 수 없다.
- 내 어깨는 피곤하고 무겁고 졸리고 움직일 수 없다.
- 내 팔꿈치 위쪽은 피곤하고 무겁고 졸리고 움직일 수 없다.
- 내 팔꿈치 아래쪽은 피곤하고 무겁고 졸리고 움직일 수 없다.

- 내 손은 피곤하고 무겁고 졸리고 움직일 수 없다.

- 내 가슴은 피곤하고 무겁고 졸리고 움직일 수 없다.

- 내 등은 피곤하고 무겁고 졸리고 움직일 수 없다.

- 내 배는 피곤하고 무겁고 졸리고 움직일 수 없다.

- 내 엉덩이는 피곤하고 무겁고 졸리고 움직일 수 없다.

- 내 허벅지는 피곤하고 무겁고 졸리고 움직일 수 없다.

- 내 종아리는 피곤하고 무겁고 졸리고 움직일 수 없다.

- 내 발목은 피곤하고 무겁고 졸리고 움직일 수 없다.

- 내 발은 피곤하고 무겁고 졸리고 움직일 수 없다.

- 내 온몸은 피곤하고 무겁고 졸리고 움직일 수 없다.

이 방식이 편안해질 때까지 여러 밤 연습해보자.

수면에 어려움을 느낄 때 눈여겨봐야 할 또 다른 요인은 당신의 수면습관 또는 심리학자들이 '수면위생'이라고 부르는 행위다. 좋은 수면위생을 구성하는 요인에는 여러 가지가 있다.

1. 침실에서 하는 행동의 범위를 수면과 섹스, 휴식으로 제한하라. 이는 일이나 기타 활동은 침실 밖에서만 하도록 제한해야 한다는 의미다. 원룸에 살고 있다면 다른 행위들은 말 그대로 침대 밖에서만 하는 것으로 제한하는 방법도 생각해볼 수 있다.

2. 매일 유사한 종류의 긴장완화습관을 갖도록 하자. 이는 잠자리에 들기 약 한 시간 전에 긴장을 풀고 차분하게 휴식을 가져야 한다는 의미다. 예를 들어 독서나 명상, 목욕 등의 행위가 있다.

3. 잠을 자기 힘들다면 잠자리에 들기 한 시간 전에 스마트폰, 노트북, 태블릿 PC 등과 같은 전자기기의 전원을 끄는 것이 중요하다.

4. 식습관을 되돌아보고 잠들기 전에 술을 마시는 것을 자제하도록 하자. 잠자리에 들기 전에 뭔가를 많이 먹는 것도 당신의 잠을 방해할 수 있다. 저녁을 되도록 일찍 먹고 잠 잘 시간이 가까워질수록 더 적은 양의 음식을 먹도록 하자. 카페인은 오전 중에만 섭취한다. 카페인에 민감한 체질이라면 특히 그래야 한다.

5. 낮잠을 제한하고 반드시 낮잠을 자야 한다든가 낮잠을 좋아하는 경우라면 90분 이내로만 자도록 하자.

6. 주말을 포함해 매일 일정한 시간에 일어나자.

다이어트

올바른 영양섭취가 중요하다. 단백질, 탄수화물, 지방이 적절히 균형을 이룬 식단을 섭취하고 있는지 확인해보자. 가공식품을 줄이고 신선한 과일과 채소를 많이 먹도록 노력하자. 규칙적으로 식사를 해서 저혈당증(혈당이 낮아지는 증상)이 일어나지 않도록 하자. 저혈당 증상인 어지러움, 메스꺼움, 현기증 등은 불안과 공황 증상과 유사하다. 따라서 불안을 쉽게 느끼는 사람의 경우 저혈당 증상이 불안이나 공황 증상으로 악화될 수 있다. 이런 상황은 규칙적이고 균형 잡힌 식사로 쉽게 예방이 가능하다.

운동

운동은 기분을 북돋우고 스트레스를 낮추는 것으로 알려져 있다. 특정 유형의 운동은 몸과 마음에 모두 도움이 되기도 한다. 요가, 태극권, 필라테스 그리고 심신의 조화를 강조하는 다른 운동들을 당신의 목록에 포함시키는 것이 좋다. 나는 특히 요가를 선호하는데, 요가를 통해 호흡과 명상, 마음챙김 등을 배울 수 있다. 시험 삼아 수업을 듣고 당신에게도 효과가 있는지 살펴보자.

충만한 삶

사실 '충만한' 삶의 정의는 매우 광범위하다. 내가 말하고 싶은 것은 우리가 인생에서 중요한 것들을 무시할 때 불안은 그 추한 얼굴을 들이미는 경향이 있다는 것이다. 당신의 인생을 전체적으로 평가하기 위해, 다음의 각 영역에 대해 당신이 얼마나 만족하는지를 점수로 매겨보자.

일	1 2 3 4 5 6 7 8 9 10
가족관계	1 2 3 4 5 6 7 8 9 10
연애	1 2 3 4 5 6 7 8 9 10
우정	1 2 3 4 5 6 7 8 9 10
취미	1 2 3 4 5 6 7 8 9 10
운동	1 2 3 4 5 6 7 8 9 10
신체적 건강	1 2 3 4 5 6 7 8 9 10
정신적 건강	1 2 3 4 5 6 7 8 9 10
사교생활	1 2 3 4 5 6 7 8 9 10
영성	1 2 3 4 5 6 7 8 9 10
의미를 주는 활동	1 2 3 4 5 6 7 8 9 10
유대감을 주는 활동	1 2 3 4 5 6 7 8 9 10
휴식 및 기분전환이 되거나 활기를 찾을 수 있는 활동	1 2 3 4 5 6 7 8 9 10

당신의 점수를 다시 한 번 살펴보자. 당신이 희망하는 바보다 낮은 점수를 기록한 영역이 있는가? 이미 바쁜 일상 속에서 그 영역을 위한 자리를 어떻게 마련할 수 있을까? 이를 행동으로 옮기기 위해 특별한 시간을 따로 마련할 수 있을까? 인생에서 중요한 영역을 무시하는 한 당신이 불안관리에 통달할 수 있을 가능성은 거의 없다. 우리는 의미 있고 충만한 인생을 만들기 위해 무엇이 필요한지 결정해야만 한다. 힘든 시간을 겪을 때 이 질문들을 떠올린다면 우리는 장기적으로 그 답을 구하려고 노력하면서 불안을 감소시킬 수 있게 된다.

인생의 동반자, 불안

당신의 불안을 사랑하는 법을 배우라고 제안하는 전문가들도 있다.

나는 이를 무리한 요구라고 생각한다. 나는 지금까지 직업적으로나 개인적으로, 나 자신을 포함해 이런 것을 원하는 사람을 한 번도 본 적이 없다. 나는 그럴 필요까지는 없다고 생각한다. 우리에게 필요한 것은 불안이 스멀스멀 올라올 때 이 초대받지 않은 손님에게 "나타났구나. 나는 네가 있든 말든 내가 해야 할 일을 할 거야.

그러니 여기 있으려면 그렇게 해. 나는 상관없으니까"라고 말하는 것이다. 이는 당신의 불안을 평생 함께할 동반자로 받아들이는 문제다. 때로는 당신이 옳은 길을 택할 수 있도록 이끌어주지만, 때로는 그저 당신 곁에 머무르는 존재가 되는 것이다.

당신이 해야 할 활동을 그대로 진행하면서 불안을 받아들이는 것과 어떤 활동을 통해 자신의 주의를 딴 곳으로 돌리는 것에는 차이가 있다. 불안으로부터 주의를 돌리려 한 적이 있다면 당신은 그 노력이 소용없다는 것을 알 것이다. 적어도 장기적으로는 효과가 없다. 그럼에도 불구하고 우리는 종종 "그냥 신경을 쓰지 마. 바쁘게 지내!"라는 선의의 조언을 듣게 된다.

바쁘게 지내는 것은 언제나 좋다. 그런가? 아니, 그렇지 않다. 자신의 불안으로부터 주의를 돌리기 위해 활동적으로 산다는 것은 불안이 당신을 지배하고 있다는 의미다. 책을 읽고 나서는 묻는다. "끝났나? 언제 불안이 사라질까?" 조깅을 한 후 스스로에게 묻는다. "나 여전히 불안한가? 아니면 끝났나?" 불안은 당신을 마음대로 휘두른다. 나침반이자 가이드가 된다. 이런 질문을 던지면서 불안을 언급하는 것은 마치 불안에게 허락을 구하는 것과 같다. 즉, 자기 자신에 대한 결정권을 내려놓고 불안에게 당신이 계속해도 될지, 쉬어도 될지 등을 묻는다는 의미다. 나는 당신이 주도권을 다시 빼앗아오길 바란다. 불안에게 주도권을 쥐어주는 것은 바로 당신의 결정이라는 점을 명심하길 바란다. 당신이 가치 있다고 생각하는 행동을 하는 것은 주의를 다른 곳으로 돌리기 위해서가 아니다. 가치 있는 길이나 방향이라고 생각하는 것들을 얻기 위해서다.

건강하지 못한 습관들

불안을 자극하거나 지속시키는 건강하지 않은 습관들이 있다.

카페인

카페인은 흥분제이며, 많이 섭취하면 신경독으로 작용할 수 있다. 어떤 사람들은 카페인에 민감하고 극소량, 즉 몇 조각의 초콜릿에도 반응을 보인다. 커피, 차, 콜라, 에너지드링크, 초콜릿 등 일부 음식과 음료수에는 카페인이 포함되어 있다. 카페인은 스트레스 호르몬인 코르티솔의 분비를 자극한다. 카페인에 대한 반응은 사람마다 다르므로 그 효과를 눈여겨보고 알맞게 대응해야 한다. 만약 반복적으로 공황발작을 일으킨다면 카페인을 줄이는 것이 좋다. 매일 섭취하는 카페인을 줄이고 싶다면, 갑자기 끊지는 말자. 갑자기 카페인을 끊으면 불안으로 되돌아올 수 있다. 따라서 언제나 점진적인 접근법을 권한다.

니코틴

니코틴은 흥분제다. 사람들은 니코틴을 통해 긴장을 풀려 하지만 실제로는 코르티솔 생성을 자극함으로써 불안을 증가시킨다. 카페인과 비슷하게 조금씩 니코틴을 줄이는 것이 불안의 반동을 막기 위해 필요하다.

알코올

알코올은 억제제다. 많은 사람이 긴장을 풀고 불안을 감소시키기 위해 알코올을 사용하지만, 알코올 역시 코르티솔 농도를 높인다. 이는 특히 과음을 한 후나 해장을 하는 동안 확실히 나타난다. 나는 많은 환자에게서 이 효과를 목격했다. 알코올에 대한 민감성은 사람마다 다르므로 스스로의 반응을 잘 관찰해야 한다. 어떤 사람들은 한두 잔의 술을 마신 후에도 반응을 보인다.

기타 약물

기타 불법이거나 처방약 및 보조제 역시 불안을 자극할 수 있다. 여기에는 비타민 B12와 다른 '천연' 영양제를 포함해 고용량의 비타민이 포함된다. 당신이 섭취하는 약이나 보조제가 걱정된다면 의사나 약사와 상담하도록 하자.

완벽주의

건강하지 못한 습관에 완벽주의가 포함된다는 점이 놀라울 수도 있다. 사실 완벽주의는 불안관리의 관점에서 우리를 궤도에서 벗어나게 만든다. 우리는 완벽주의를 기준으로 삼을 때 비현실적인 기대를 가질 수 있다. 우리가 이룬 것들에 만족하지 못할 수도 있다. 그리고 불완전한 인간으로서 불완전한 과정을 거치면서 그 과정에서 얻게 되는 교훈의 의미를 놓칠 수 있다. 가능한 한 빨리 완벽주의를 버리자. 그렇게 되면 불안관리의 관점에서 상황은 더 좋아질 것이며 훌륭한 결과를 얻게 될 것이다. 사람은 완벽할 수는 없으며 그럴 필요도 없다. 그 대신 완벽하지 못하더라도 어떤 상황에서든 최선을 다하는 것에 초점을 맞춰야 한다.

미루는 버릇

미루어진 업무와 과제, 인생목표 등은 우리를 불안하게 만든다. 미루는 버릇은 회피의 가장 단순하고도 흔한 형태다. 따라서 다른 모든 회피와 마찬가지로 우리의 불안을 높이며, 이것이 계속될 때 불안의 주기와 결합하게 된다. 흔히 해야 할 일, 어려운 대화, 인생의 목표 등 세 가지 영역에서 나타난다.

✔ 해야 할 일

당신이 해야 할 일의 목록을 살펴보자. 여기에 당신이 다루어야 할 특정한 일들이 포함되어 있는가? 나쁜 소식을 들을까 봐 두려워서 미루어놓은 병원 약속을 새로 잡아야 하는가? 자동차 안전검사를 하러 가야만 하는가? 중요한 편지나 이메일을 보내야만 하는가?

당신이 해야 할 모든 일을 써놓고 긴급함과 중요성에 따라 우선순위를 정해보자. 그리고 당신 자신과의 약속처럼 달력에 각각 써넣음으로써 하나씩 격파해가자.

1. _____

    날짜와 시간 _____

2. _____

    날짜와 시간 _____

3. _____

    날짜와 시간 _____

4. _____

    날짜와 시간 _____

5. _____

    날짜와 시간 _____

6. _____

    날짜와 시간 _____

7. _____

날짜와 시간 _____

✓ 어려운 대화

당신이 먼저 시작해야만 하는 어려운 대화가 있다면 써보자. 자신의 개를 산책시켜주는 사람을 해고해야 하는가? 더 좋은 요금제로 바꾸기 위해 통신사에 전화해야 하는가? 배우자에게 집에 일찍 들어오라고 이야기해야 하는가? 직장 상사에게 연봉 인상을 요청해야 하는가? 가장 압박을 느끼거나 또는 가장 하기 쉽다고 생각하는 것부터 목록을 만들어보자.

1. _____

   날짜와 시간 _____

2. _____

   날짜와 시간 _____

3. _____

   날짜와 시간 _____

4. _____

   날짜와 시간 _____

5. _____

   날짜와 시간 _____

6. _____

　　날짜와 시간 _____

7. _____

　　날짜와 시간 _____

✔ 인생의 목표

　당신 인생의 목표와 꿈에 대해 써보자. 목록을 살펴보고 당신이 아직 처리하지 못한 부분이 있는지 살펴보자. 중요하게 느껴지는 여러 아이템들이 있을 것이다. 가장 먼저 해야 한다고 생각하는 일이 무엇인지 본능적으로 결정을 내리자. 늘 해외여행을 원했는가? 다른 도시에서 사는 것을 기대하고 있는가? 학사학위를 마치고 대학원에 가는 것을 꿈꿔왔는가? 춤이나 새로운 언어, 서핑을 배우는 것처럼 용기를 내 시도해보고 싶었던 특별한 취미가 있는가?

　자기 자신에 대한 반추가 필요한 작업이지만 분명 그럴 가치가 있다. 당신은 당신의 가치와 흥미에 잘 맞춰진 인생을 살 자격이 있다. 불안이 당신의 발목을 잡고 있다면 이제는 맞서 싸울 때다. 가치 있는 인생을 향해 걸음을 내딛자. 시행착오와 불완전함을 받아들이고 자신이 시도한다고 해서 반드시 다 좋아하지 않을 수도 있다는 것을 인정하자. 그리고 이런 실험에 약간의 즐거움을 더해보자. 인생 탐험은 더욱 즐거워질 것이다.

1. _____

   날짜와 시간 _____

2. _____

   날짜와 시간 _____

3. _____

   날짜와 시간 _____

4. _____

   날짜와 시간 _____

5. _____

   날짜와 시간 _____

6. _____

   날짜와 시간 _____

7. _____

   날짜와 시간 _____

서두르기

서두르다 보면 당연히 불안해진다. 어떤 때 당신이 서두르는지 살펴보고 잠깐의 여유를 계획해두자. 항상 서두를 것이 아니라 예외적인 경우에만 서두르도록 하자. 바쁜 일상 속에서 불가능한 일처럼 보이지만 당신의 하루를 찬찬히 보면 숨 쉴 틈을 마련하기 위해 빼놓을 수 있는 시간이 눈에 들어올 것이다.

초조함

나도 알고 있다. 당신은 늘 고군분투해왔고, 그저 이 불안과 공황을 멈추고 싶을 뿐이다. 그것도 지금 당장! 당신은 오랜 시간을 싸워왔고 인내심은 이미 바닥났다. 더 이상 버틸 수 없을 것처럼 느껴질 때도 있을 것이다. 지금이 바로 그런 순간이고 더 이상 기다릴 수 없다. 이런 급박한 느낌을 부인하기란 어렵다. 당연한 일이다. 그리고 그렇게 공황과 불안은 당신을 이기게 된다.

지금 당신이 원하는 것은 즉각적인 안심이 아닐 것이다. 즉각적으로 안심하기 위해서는 회피가 필요하다. 그러나 우리는 이미 회피가 조금도 도움이 되지 않는다는 것을 알고 있다! 우리는 이제 장기전이라고 생각하고 인생 전체를 봐야 한다. 공황과 불안을 무찌르기 위해 시간을 투자하는 것은 가치 있는 일이다. 이를 위해 당신은 인내해야만 한다. 따라서 코앞에 닥친 절박함은 잠시 미루어두고, 이 책에 나오는 기술들을 받아들이고 배우고 연습하도록 하자. 더 좋아지기 위해서는 당신의 시간과 에너지와 인내심을 투자해야만 한다. 지치고 초조하고 그만두고 싶을 때라도 몇 번 심호흡을 하고 다시 다음 단계를 연습해보길 권한다. 지금 이 책을 통해 모든 정보를 습득하고 연습하고 통달하도록 하자. 초조함이 느껴질 때 이를 비판하지 말고 잘 살피자. 그리고 해야 할 일을 묵묵히 하도록 하자. 우리는 할 수 있다!

✔ 멈춤을 반기는 연습

이 연습은 당신의 하루가 방해받고 하던 일을 멈추거나 기다려야만 하는 상황에서 나타나는 초조함을 완화하기 위한 것이다. 예를 들어 긴 줄에서 기다리기, 지하철이나 버스, 교통 체증에 갇혀 있기, 비행기가 연착되어 공항에서 기다리기 등과 같은 상황이다. 이런 상황은 너그러운 성격의 사람들에게조차 초조함을 일으킬 수 있다. 나는 당신이 이런 상황을 초조함에 대한 저항력을 키우는 연습의 기회로 삼기를 제안한다. 다음번에 이런 상황에 처하게 되어 초조함이 불쑥 올라옴을 느낄 때, 스스로에게 이렇게 말해보자. "바쁜 생활 속에서 반가운 멈춤 신호네." 그리고 천천히 복식호흡을 한 후, 이 멈춤을 즐겨보자. 이런 상황을 당신이 원하는 대로 즐길 수 있는 기회로 삼아보자. 음악을 듣거나 책을 읽거나 뭔가를 끄적이거나 아니면 그냥 쉬는 것이다. 하루에 언제든 이런 방해나 지체가 일어날 수 있다. 그러니 약간의 느긋함으로 그 상황을 최대한 즐겨보자. 그리고 초조함이 당신을 끌고 가는 대로 끌려 다니지 말자. 매번 연습을 할 때마다 당신의 기분이 어떤지 살펴보자.

도움이 되는 습관들

긴장완화 연습

규칙적인 긴장완화 연습은 평생불안관리를 위해 필수다. 여기에는 여러 방법이 있다. 가장 간단한 것은 매일 10분씩 횡격막 호흡을 연습하는 것이다. 긴장완화를 위한 다른 방법에는 점진적 근이완법, 형상화, 명상, 확언 등이 있다.

횡격막 호흡

횡격막 호흡은 복식호흡 또는 배호흡이라고도 불린다. 이를 연습하기 위해서는 똑바로 누워서 배에 두 손을 올려놓는다. 숨을 들이마시면서 무슨 일이 벌어지는지 살펴보자. 제대로 호흡을 하는 경우 숨을 들이마시면 배가 위로 올라가고 숨을 내쉬면 배가 아래로 내려간다. 이를 반대로 하고 있었다면 손을 배에 올려놓고 편안해질 때까지 연습하자. 매일 10분씩 연습하자.

점진적 근이완법

점진적 근이완법은 매우 배우기 쉽다. 점진적 근이완법은 긴장완화에 매우 도움이 되며, 쉽게 잠들기 위해 침대로 향하기 전 또는 긴장되고 스트레스를 받을 때 언제나 사용할 수 있다. 선택된 근육

군을 차례대로 긴장시켰다가 이완시킨다. 그리고 그 사이에 복식호흡을 한다. 근육을 팽팽하게 긴장시키되 무리가 가지 않는 선에서 한다. 당신의 목표는 두 가지다. 하나는 몸을 이완시키는 것이고 또 다른 하나는 시간이 지나면서 신체의 긴장과 이완 상태를 파악하는 것이다. 이는 당신이 긴장을 느끼는 순간을 인식하고 완화 반응을 보이는 것에 도움을 줄 것이다.

우선 팔과 다리를 나란히 푼 채로 의자에 편안하게 앉아 눈을 감는다. 발끝에서 시작해 점차 머리 쪽으로 옮겨간다.

점진적 근이완법의 순서

1. 발가락을 오므렸다 피면서 긴장했다가 이완시킨다.

   그대로 둔다.

   숨을 들이마셨다가 내쉰다.

2. 종아리를 긴장시키기 위해 발꿈치를 든다. 그대로 둔다.

   숨을 들이마셨다가 내쉰다.

3. 대퇴사두근을 긴장시키기 위해 두 발로 바닥을 힘껏 누른다. 그대로 둔다.

   숨을 들이마셨다가 내쉰다.

4. 엉덩이를 긴장시킨다. 그대로 둔다.

   숨을 들이마셨다가 내쉰다.

5. 배를 안쪽으로 끌어들인다. 그대로 둔다.

   숨을 들이마셨다가 내쉰다.

6. 가슴을 앞으로 내민다. 그대로 둔다.

   숨을 들이마셨다가 내쉰다.

7. 어깨를 귀까지 들어올린다. 그대로 둔다.

   숨을 들이마셨다가 내쉰다.

8. 팔뚝을 긴장시키기 위해 주먹을 쥔다. 그대로 둔다.

   숨을 들이마셨다가 내쉰다.

9. 이두근을 긴장시키기 위해 가상의 바벨을 들어올린다. 그대로
   둔다.

   숨을 들이마셨다가 내쉰다.

10. 코를 향해 모이도록 얼굴을 찡그린다. 그대로 둔다.

    숨을 들이마셨다가 내쉰다.

11. 눈썹을 들어올린다. 그대로 둔다.

    숨을 들이마셨다가 내쉰다.

12. 얼굴을 찡그리고 있는지 턱을 확인해본다. 만약 찡그리고 있다
    면 입술을 약간 떼고 입천장에서 앞쪽 윗니의 뒷면과 잇몸이 만
    나는 선에 혀끝을 댄다.

    숨을 들이마셨다가 내쉰다.

13. 눈꺼풀을 끌어당겨 감고 있는 것은 아닌지 확인해본다.

숨을 들이마셨다가 내쉰다.

모든 순서가 끝난 후에는 몇 분간 계속 숨을 쉰다. 몇 분에 걸쳐 점진적 근이완법을 시행한 후 더 하고 싶다면 다시 한 차례 시행한다. 3주간 매일 연습하고 그 후에는 필요할 때마다 연습한다.

형상화

형상화는 스트레스 관리를 도와주는 강력한 도구이자 긴장완화 연습에 훌륭한 지원군이 된다. 나는 두 가지 기술을 알려주려 한다. 둘 다 시도해본 후 하나를 선택해 몇 주간 연습해보자. 그 후 나머지 하나를 몇 주간 연습해보자.

첫 번째 연습의 이름은 '3분간의 휴가'다. 이는 휴식이 필요하지만 시간이 넉넉지 않을 때 시도할 수 있는 좋은 연습이다. 단 몇 분이면 되고, 규칙적으로 연습하면 스트레스 수준을 낮추는 데 도움이 된다. 당신이 느긋해지고 방해받지 않을 조용한 장소를 찾은 뒤, 3분간 타이머를 맞추자. 그러고 나서 두 번째 연습 '느긋한 자신을 그려보기'를 시도해보자.

✓ 3분간의 휴가

눈을 감고 당신이 느긋해질 수 있는 장소를 떠올려보자. 당신이 전에 간 적 있는 실제의 장소일 수도 있고, 상상 속의 장소일 수도 있다. 불쾌함이 연상되지 않는 장소를 고르자. 이제 그곳이 어떻게 보이는지 눈앞에 떠올려보자. 그곳이 바닷가라면 물의 색깔과 모래, 당신이 볼 수 있는 모든 야생동물과 식물들을 묘사해보자. 하늘을 올려다보고 다양한 모양의 구름을 보자. 이 모든 것이 끝난 후에 당신 귀에 들리는 소리들에 귀를 기울여보자. 새들이 지저귀는가? 날개를 퍼덕이는 소리가 들리는가? 저 멀리서 아이들이 웃는 소리가 들리는가? 이제 당신 몸이 느끼는 감각에 초점을 맞추자. 햇볕이 피부를 따뜻하게 비추는 느낌이 드는가? 당신의 머리를 부드럽게 훑고 지나가는 산들바람이 느껴지는가? 당신의 발가락에 까끌까끌한 모래가 닿는가? 그 다음에는 주변의 냄새에 집중해보자. 바다 냄새가 나는가? 근처에 활짝 핀 꽃내음이 느껴지는가? 바람을 따라 바비큐 냄새가 흘러오는가? 어떤 맛이 느껴지는가? 레모네이드를 한 모금 마시거나 간식을 먹고 있는가? 긴장이 풀릴 때까지 이런 그림을 마음속에 담아두었다가 몇 분간 복식호흡을 해보자. 당신이 어떻게 느끼는지 보고 천천히 눈을 뜬다. 그리고 이런 느긋한 기분이 남은 하루 동안 지속되도록 기억하자.

✔ 느긋한 자신을 그려보기

팔과 다리를 나란히 푼 채 편안한 자세로 앉는다. 눈을 감는다.

노랑, 주황, 선홍색 같은 따뜻한 느낌의 색깔을 떠올린다. 발끝에서부터 시작해 천천히 위를 향해 그 색을 칠해나가면서 그 색들이 퍼져나가는 상상을 한다. 그리고 따뜻하고 느긋한 기운이 그 움직임에 따라 온몸에 퍼지는 것을 상상한다. 발가락에서 시작해 발목과 종아리, 무릎, 허벅지, 엉덩이, 배, 가슴, 어깨까지 올라가는 모습을 그려보자. 그리고 따뜻하고 느긋한 느낌이 팔을 따라 내려가는 모습을 그려보자. 팔꿈치 위쪽에서 아래쪽 팔을 향해 손목과 손, 손가락 끝까지 내려간다. 다시 그 느낌이 위로 움직여 목과 얼굴, 두피 끝까지 올라가는 모습을 그려보자. 이제 따뜻함이 당신의 온몸을 감싼다. 당신에게 딱 알맞은 온도다. 눈을 감은 채 가만히 있다가 몇 분간 복식호흡을 연습하자. 모두 끝난 후 천천히 눈을 뜬다. 그 후 당신의 기분이 어떤지 살펴본다. 스트레스를 받거나 휴식이 필요할 때마다 이 방법을 써보자. 이는 잠에 쉽게 들기 위해 침대에 들기 전에 쓸 수 있는 좋은 방법이기도 하다.

명상

명상법이 당신의 신체적·정신적 건강에 얼마나 도움이 되는지에 대해서는 수많은 연구가 있다. 내 생각에 명상을 시작할 때 가장 큰 걸림돌이 되는 것은 기대들이다. 때로는 10분씩 시간을 늘리면서 명상을 시작하는 것이 권장된다. 전에 연습해본 적이 없다면 명상을 하는 10분이 꽤 길게 느껴질 것이다. 명상에 대해 좀 더 깊이 파고들고 싶다면 다양한 자료들이 존재한다. 절이나 요가 스튜디오, 또는 독립적인 명상센터에 가서 수업을 들을 수도 있다.

나는 여기서 당신에게 1분간의 명상 입문법을 보여주려 한다. 그리고 당신이 명상을 더 깊이 공부하고 연습하는 방법을 스스로 결정할 수 있도록 도와주려 한다.

✔ 명상 입문법

편안한 자세로 자리에 앉는다. 당신이 규칙적으로 요가를 연습한 경우가 아니라면 나는 서구식 명상을 해보라고 권하고 싶다. 바닥에 쿠션을 놓고 앉는 것보다는 편안한 의자에 앉도록 하자. 팔걸이가 있는 의자가 좋다. 팔다리를 꼬지 않고 똑바로 앉아서 눈을 감는다. 60초간 타이머를 맞춘다. 그리고 이 명상을 하는 1분이 쉽게 느껴진 다면 시간을 조금씩 늘려서 2분, 3분, 그 이상으로 명상을 한다.

눈을 감은 채 당신 머릿속에 있는 생각을 멀리 내려놓고 초연한 태도를 갖자. 생각에서 완전히 자유로워진 모습을 기대하는 것은 비현실적이다. 그러므로 초연한 태도를 갖는다는 것은 의미나 결과에 휘말리거나 집착하는 일 없이 생각과 상상을 경험하는 것을 의미한다. 나는 당신이 생각이라는 것을 푸른 하늘을 지나가는 구름처럼 여기길 바란다. 우리가 하늘을 올려다볼 때 특별한 모양을 한

구름에 대해 깊이 생각할 때도 있지만 보통은 그 생각이 오래가지 않고 그저 지나가는 구름 그대로를 바라보곤 한다. 이 과정에서 복식호흡법을 사용해 숨을 쉬어보자. 모든 과정이 끝난 후 어떤 효과가 있었는지 살펴보자. 명상이 자연스럽게 습관화될 때까지 시간이 걸릴 수 있다. 따라서 명상법을 배울 때 스스로에게 너그러워져야 하며 그 과정이 쉽지 않다면 자기자비를 연습하는 것이 중요하다.

연습이 거듭될수록 명상을 하는 것이 쉬워질 것이다. 뿐만 아니라 더 심도 있는 수준에서 완전한 이완의 효과를 느끼게 될 수 있다. 이 방법은 긴장완화를 위한 모든 방법 중 가장 발전된 형태다. 이를 배우려면 약간의 노력이 필요하기는 하지만 또한 가장 강력한 방법이기도 하다. 서서히 시작해서 한 번에 1분씩만 연습을 하기 때문에, 이 방법을 익히는 데 도움이 되려면 가능한 한 하루에 두세 차례 연습하는 것이 좋다.

확언

확언affirmation은 스스로에게 동기를 부여하고 발전을 격려하기 위해 반복하는 긍정적인 표현이다. 확언은 단순히 반갑지 않은 현실을 긍정적인 현실로 대체함으로써 변화를 이끄는 것이 아니다. 후자가 의미하는 대체확언replacement affirmation은 선의의 거짓말이다. 이를 믿기에 당신은 너무 똑똑하고, 따라서 효과가 있을 수도 없고 있지도 않다! 예를 들어 강렬한 불안 증상에 시달리는 도중 스스로에게 "나는 불안을 거의 느끼지 않는 느긋한 사람이다"라고 말하는 것이 바로 대체확언이며 나는 이를 권하지 않는다. 확언과 관련해 도움을 받지 못했다고 말하는 사람들은 대체확언을 사용하려 노력한 경우가 많다.

확언은 현재형이다. 그리고 미래지향적이며 능동적인 표현을 사용한다. 수동적인 표현으로 된 확언은 당신의 노력 없이도 해결책이 나타날 것이라는 의미가 된다. 인생에서 벌어지는 대부분의 일처럼 긍정적인 변화가 단지 운이 좋아서 일어나는 경우는 거의 없다. 우리는 목표를 향해 걸음을 옮겨야만 하며 따라서 우리의 확언은 능동적인 시제로 쓰여야 한다.

수동적인 확언은 '평화로운 삶이 곧 나의 것이 될 거야'와 같은 것이다. 능동적인 확언은 '매일 나는 한 걸음씩 나아가고 있어. 불안을 더욱 잘 다스리는 방법을 배울 거야'와 같은 것이다.

자신을 위한 능동적인 확언을 생각해보고 아래에 써보자.

매일 확언을 연습해보길 권한다. 아침에 일어나 가장 먼저, 또는 저녁에 시간을 내어 연습하자. 그 효과를 측정해보기 전에 여러 주에 걸쳐 연습해보자.

자기주장

자기주장이란 적절한 한계와 범위를 정하기 위해 당신이 필요한 부분을 요청하고 '아니요'라고 거절할 수 있는 능력이다. 불안에 시달리는 많은 사람들이 한 가지 이상의 자기주장 영역에서 어려움을 겪는다. 다음에 나오는 자기주장 행동을 살펴보고 인생에서 당신이 얼마나 자기주장을 잘 펼칠 수 있는지 확인해보자.

- 나는 필요할 때 '아니요'라고 말할 수 있다.
- 나는 초대를 거절할 수 있다.
- 나는 압박을 가하는 판매원에게 굴하지 않을 수 있다.
- 나는 친구나 가족에게 도움을 청할 수 있다.
- 나는 죄책감을 느끼지 않고 혼자만의 시간을 위해 휴가를 낼 수 있다.
- 나는 인간관계에서 상처받은 마음을 표현할 수 있다.
- 나는 내가 필요할 때 사과를 요구할 수 있다.
- 나는 내 선호와 기호에 대해 당당히 이야기할 수 있다.

- 나는 내게 중요한 사람들과의 관계에서 원하는 것을 충족시킬 수 있다.

이상의 질문에 모두 '그렇다'라고 대답할 수 있다면 좋은 일이다.

그렇지 않다면 위의 영역에서 자기주장 능력을 개발할 수 있도록 노력해보자. 우선 당신이 노력해야 할 자기주장의 과업에 대한 목록을 작성해보자. 그 다음에는 가장 쉬운 것부터 어려운 것까지 순위를 매겨보자. 마지막으로 가장 쉬운 과업부터 시작해 점점 더 어려운 과업으로 옮겨가며 목록을 훑어보자. 당신은 현재 새로운 습관을 형성하고 있다는 사실을 명심하고, 마음이 흔들리더라도 스스로에게 너그러워지자.

내가 연마해야 할 자기주장 기술

_____

_____

_____

_____

_____

현실에 충실하자

현실에 충실하자는 것은 간단히 말해 미래나 과거의 사건에 초점을 맞추는 것이 아니라 지금 이 순간에 집중해야 한다는 의미다. 일반적으로 불안은 당신이 원하지 않고 두려워하는 미래의 시나리오에 초점을 맞추도록 만들면서 집중력을 흐트러트린다. 또한 기분이 처지거나 우울해질 때 우리는 마음속으로 과거에 일어난 일을 되새겨본다. 이 두 가지 경우에서 모두 우리는 다시는 되돌릴 수 없는 인생의 소중한 순간을 잃게 된다. 이를 바꿀 수 있는 유일한 방법은 다시 현재에 초점을 맞추는 것이다. 그리고 이 방법은 지금까지 언제나 현재가 아닌 다른 시간을 살아왔다는 것을 깨달은 순간부터 시작된다. 이런 기술을 연마하는 데 명상이 큰 도움이 될 것이다.

유머

유머는 불안에 맞서는 당신의 비밀병기가 될 수 있다. 순수하게 재미있는 무엇인가를 찾았는데 동시에 그 무엇인가를 두려워하는 것은 불가능한 일이다. 불안 때문에 당신은 이 세상과 당신의 인생, 그리고 사실상 당신이 내리는 모든 결정을 심각하게 느끼게 된다. 모든 것이 너무나 버겁고 중요하게 느껴진다면 우리는 균형감을 잃고 사물의 밝은 면을 보지 못하게 된다. 그 불안을 고대로 뒤집어보자. 다음번에 이 끔찍하고 부담스러운 묵직한 느낌이 찾아오거나 불안한 예감이 들 때 그 느낌 안에서 재미있는 요소를 찾아내보자. 불안을 우스꽝스럽게 만들어보자. 당신이 만화 주인공 같은 목소리로 자신의 공포를 묘사하는 모습을 상상하거나 당신의 상황을 다룬 시트콤을 떠올려보는 것도 좋다. 당신이 웃을 수만 있다면 그 무엇이든 좋은 출발점이 된다!

✔ 만화화로 불안을 감소시키는 연습

일반적으로 불안은 울적한 느낌을 준다. 그리고 불안이 주는 경고는 끔찍하고 심각하게 들린다. 이 연습은 이를 가볍게 만들기 위해 기획됐다. 당신의 불안이 만화 주인공이라고 상상하자. 어떻게 생겼는지, 목소리는 어떠한지 마음속으로 그려보자. 이를 다음에 나오는 빈칸에 그리거나 써보자. 이 그림은 오직 당신만 보게 되므로 주저하지 말고 실험적으로 그려보자. 또한 그 과정에서 예술적인 면에 대한 자기비판은 접어두자.

내 불안이 만화 주인공이라면 다음과 같이 보일 것이다(글로 묘사하거나 그림을 그려보자).

_____

_____

_____

_____

_____

　　내 불안이 만화 주인공이라면 다음과 같은 목소리를 가졌을 것
이다.

_____

_____

_____

_____

　　그 후 당신이 불안 때문에 느끼는 것들을 만화 주인공 같은 목
소리로 크게 이야기해보자. 예를 들어 이런 식이다. "공황발작 때문
에 기절할 수 있다는 것은 사실이 아니야. 하지만 나는 여전히 그럴
수도 있다고 생각해." 또는 "나는 다른 사람의 마음을 읽을 수 없
어. 하지만 어쨌든 저 사람들이 나를 비판하고 있는 게 확실해! 나
는 저 사람들이 나에 대해 떠올릴 수 있는 모든 부정적인 것들을
좀 생각해봐야겠어." 이런 연습 후에 어떤 느낌이 드는지 확인해보
자. 내가 환자들과 이 연습을 할 때면 환자들은 예외 없이 낄낄대고

웃는다. 우리는 자유롭게 스스로의 불안에 대해 웃어도 된다. 이 웃음은 우리가 불안이 주는 경고의 메시지를 훨씬 덜 심각하게 받아들이기 시작했다는 의미니까!

관점

우리 건물에서 일하는 수위는 매우 명랑하다. 그녀는 언제나 미소를 띠고 누군가 안부를 물으면 항상 "최고에요!"라고 대답한다. 오늘 오후에 진료실을 나서면서 나는 언제나처럼 안부인사를 나누는 목소리를 듣게 됐다. 이번에는 여기에 대한 설명이 뒤따랐다.

방문객: "오늘 어때요?"

수위: "최고에요!"

방문객: "어떻게 하면 최고의 하루가 되죠?"

수위: "관점이 중요해요. 언제든 상황은 더 나빠질 수 있다는 것을 저는 알거든요."

나는 이 대화의 간단명료한 교훈에 웃음을 지을 수밖에 없었다. 당신이 당신만의 관점을 지키는 한 최고의 하루를 만들기 위해 다른 외부적인 것들은 전혀 필요하지 않다. 당신의 세계관 외에 그 무엇도 필요치 않다. 그저 다른 방식으로 바라보기만 하면 되는 것이다. 나는 "언제든 상황은 더 나빠질 수 있다"는 말에 그다지 동의하지는 않지만 그 덕에 더욱 긍정적인 방향으로 관점을 바꿀 수 있다면 우리는 그 말에 따라야 한다고 본다. 불안 때문에 우리는 가끔 현재 벌어지는 상황을 오직 한 방향에서만 바라보게 된다. 당연하지만 지금의 상황을 바라볼 수 있는 관점은 단 하나가 아니다! 우리는 더 나은 관점을 찾을 수 있고 그럼으로써 더 나은 상황을 만들어낼 수 있다.

앞으로 불안과의 싸움에서 버거움을 느끼거나 장애물을 만났을 때 스스로에게 물어보자. "이 상황/말/결과를 다른 식으로 바라볼 수 있는가?" 그럴 수 있는 경우가 많다. 스스로의 관점을 택하자. 그리고 그렇게 완전히 다른 이야기를 만들어내자. 당신, 오직 당신만이 이를 결정할 수 있다.

습관 굳히기

....

"변화는 천천히 이루어질 수도 있다. 그리고 언제나 쉬운 것도 아니다.
그러나 시간과 노력만 있다면 어떤 습관이든 대부분 고칠 수 있다."
- 찰스 두히그

불안관리를 습관화하기 위해서는 시간과 인내, 끈기가 필요하다.

습관화에 대해 우리가 알고 있는 사실은 더 나은 습관을 만들려면 연습이 필요하다는 것이다. 나는 당신의 불안관리 기술을 연마하기 위해 매일 시간을 마련하라고 권하고 싶다. 하루에 단 10분만으로도 충분하다. 일단 21일간 어떤 기술을 연습해보자. 그리고 필요할 때마다 당신이 연습한 그 기술을 사용하면서 또 다른 새 기술을 연습해도 좋다.

습관을 굳히기 위해서는 21일 이상의 시간이 필요할 수 있다. '습관 굳히기'라는 말은 당신이 그 기술을 자동적으로 쓰게 될 정도로 잘 연습했다는 의미다. 또한 그 기술을 연습하지 않으면 그 기술을 '상실'할 수 있으며 다시 되찾고 싶어질 것이라는 의미다. 습관화를 위해서는 몇 달 혹은 몇 년이 걸릴 수 있다. 여기서 말하는 습관이란 평생의 습관이다. 그리고 내가 보기에 충분히 그럴 가치가 있다.

의욕적인 모습 유지하기

긍정적이기

의욕적인 모습을 유지할 수 있는 두 가지 방법이 있다. 스스로가 가장 혹독한 비평가가 되어 스스로를 몰아침으로써 억지로 의욕적이 되는 것이다. 두 번째는 긍정적인 태도를 가지는 것이다. 나는 인생의 다양한 측면에서 부정적인 자기동기부여self-motivation를 활용하는 환자들을 자주 만난다. 내 경험상 부정적인 자기동기부여는 당신의 발전을 저해한다. 그리고 스스로 이룩한 긍정적인 변화를 끔찍하게 느끼도록 만드는 확실한 방법이다. 지금까지의 연구들 역시 부정적인 자기동기부여를 활용할 때 발전의 지속기간은 짧아지고 목표를 달성하기까지 더 많은 장애에 부딪히게 된다는 결과를 내났다. 본질적으로 당신이 스스로에게 동기를 부여하기 위해 비판이나 가혹한 평가를 한다면 동기부여가 습관화되거나 이를 위해 계속 노력할 수 있는 가능성이 훨씬 낮아진다.

긍정적인 접근법은 모든 일이 잘 풀릴 때, 당신이 배운 것들을 연습해야 한다는 것을 되새길 때, 또는 당신이 장애물에 부딪혔을 때 자기자비를 실행할 수 있도록 도와준다. 다른 사람들이 그러하듯 당신에게도 이 방법이 어렵게 느껴질 수 있다. 스스로에게 좋은 친구가 되어주겠다고 이야기해보자. 당신이 지금 보유하고 발전시키고 있는 기술들을 가지지 못했던 예전에 당신이 저질렀던 실수는 용서하자. 당신이 놓쳤던 기회들과 과거의 몸부림을 용서하자. 당신은 오직 현재에서만 변화할 수 있다. 그리고 이것만이 당신이 스스로에게 할 수 있는 단 하나의 정당한 요구다. 바로 오늘부터 변화와 새로운 습관들을 연습하자. 그리고 평생의 연습으로 이끌어가자.

가능성 상상하기

불안을 다스리기 위해 노력함으로써 당신이 무엇을 얻고 싶은지 상상해보는 것이 중요하다. 그러한 형상화에 도움을 얻기 위해 다음의 연습을 해보도록 권한다.

미래의 자신에게 편지를 쓰자. 이 편지는 긍정적이고도 미래지향적이어야 한다. 다음은 그 예시다.

미래의 나에게

이 편지를 쓰게 되어서 난 너무 신나. 네가 공황과 불안을 다스리는 연습에 전념한 지 6개월이 됐어. 그리고 벌써 긍정적인 변화들이 다양하게 보인단다! 더 이상 너는 공황을 두려워하지 않아. 더 이상 너는 공황이나 불안을 느낄 것인지 여부에 따라 네 활동을 제한하지 않게 됐어. 게다가 네 개인적인 삶과 직업적인 삶에서 모두 더 많은 위험을 무릅쓰게 됐지. 너는 시민단체에 가입하고 동네 운동동호회에 참여하기 시작했어. 나는 네가 재미있고 매력적인 여성과 데이트를 하고 있다는 것도 알아. 그리고 직장에서도 네 아이디어를 더 공개적으로 나누고, 동료들에게 더 많은 업무를 요청하고 있지. 결과적으로 너는 이제 여러 새로운 프로젝트에서 일하고 있어.

나는 이 모든 변화를 이루어낸 네가 정말 자랑스러워! 나는 이것이 시작에 불과하다고 생각해. 이 여정을 떠나기까지 네게 두둑한 배짱이 필요했다는 것을 알아. 그리고 앞으로 6개월간 네가 얼마나 더 많은 일을 해낼지 정말 기대돼!

사랑을 담아, 과거의 너로부터

이 편지를 써서 잘 넣어두고 6개월 후에 이 편지를 다시 볼 수 있도록 날짜를 표시한다. 그 후 실행계획을 잘 실천한다. 그리고 6개월 후에 편지를 펴보자. 당신은 해낸 것이다! 그 편지를 읽고 어떤 느낌이 드는지 살펴보자.

시간 확보하기

요즘 사람들은 시간을 어떻게 보낼 것인지를 바탕으로 우선순위를 정한다. 우리의 제한된 시간과 주의력을 두고 너무 많은 것이 경쟁하는, 시간이 부족한 사회에서 살고 있기 때문이다. 그 어떤 변화를 이끌어내려면 무엇보다 시간을 확보하는 것이 필요하다. 시간을 확보한다는 것은 당신의 할 일 목록에 '시간 확보'라고 적어놓으라는 뜻이 아니다. 실제로 자리에 앉아 달력을 보면서 당신의 스케줄 중 변화를 위한 시간을 빼놓는다는 의미다. 정기적으로 말이다. 당신은 이 시간을 자기 자신과의 신성한 약속처럼 생각해야 한다. 즉, 규칙적으로 당신의 시간과 주의를 투자해야만 하는 중요한 약속으로 매우 신성하게 여겨야 한다.

책임감 형성하기

확실한 발전을 위해 당신이 할 수 있는 가장 중요한 일 중 하나는 책임 시스템을 만드는 것이다. 당신에게는 정기적으로 당신의 목표나 과업에 대해 이야기를 나누기 위해 시간을 확보해놓는 친구나 사랑하는 사람이 있을 것이다. 당신이 이런 방향으로 가게 됐다면, 단호하면서도 자애롭게 피드백을 해줄 수 있는 친구나 가족을 택하기를 권한다. 또한 이 사람들은 당신이 추구했던 목표에 책임을 다하지 못하는 경우 솔직하게 말해줄 수 있어야 한다. 그들과 언제 연락할 것인지 결정하고 이를 달력에 표기하자. 마치 쌍방이 한 약속처럼 말이다.

이 밖에도 불안장애 전문 치료사에게 치료를 받는 방법도 있다. 다음은 치료사를 선택할 때 고려해야 할 몇 가지 요인이다.

1. 훈련

치료사가 불안장애를 다루는 전문적인 훈련을 받았는지 확인해야 한다. 특히 불안장애에 대해 인지행동요법(Cognitive Behavioral Therapy, CBT)을 훈련받았거나 CBT의 일종인 노출치료를 하는 치료사를 찾는 것이 좋다. CBT는 불안을 더욱 심화시키는 사고 패턴이나 행동에 모두 대처할 수 있도록 도와준다. 이런 유형의 치료는 행동적 노출이나 실험을 통해 당신이 심리전에 임하고 공포와 맞설 수 있도록 해준다. 노출치료는 당신이 두려워하는 증상이나 상황을 점차 똑바로 마주할 수 있도록 과제를 부여하는 행동실험을 개발하고 실행한다. 그리고 이를 통해 당신이 공포를 직시할 수 있게 도와준다. 치료의 유형은 그 치료사가 어디에서 공부했는지보다 더 중요하다. 이런 방법은 불안장애를 치

료하는 데 있어서 가장 성공적인 성과를 거둔다는 것이 실험을
통해 입증돼왔다.

2. 경험

전문화된 훈련 외에도 치료사가 불안치료에 있어서 탄탄한 경
험을 쌓았는지도 중요하다. 치료사에게 불안관리와 관련해 어느
정도 임상경험이 있는지 물어보자. 어떤 환자를 보았는지가 얼마
나 오래 일했는지보다 중요하다. 임상환자 중에 적어도 50퍼센트
가 불안장애로 투병하는 환자였던 치료사를 찾는 것이 좋다.

3. 인연

당신의 불안에 대해 이해하고 당신이 이해할 수 있는 방식으로
이야기하는 치료사를 골라야 한다. 치료사는 자신의 치료가 어
떠하며, 당신이 어떻게 더 나아질 것인지 설명해줄 수 있어야 한
다. 당신은 치료사의 그 설명을 이해하고 당신과 치료사가 잘 통
한다고 느낄 수 있어야 한다. 여기에서는 당신의 직감을 믿어야
한다. 잘 맞지 않는다면 다른 치료사를 찾자. 중요하고도 개인적
인 성향에 대해 논의를 해야 하므로 당신이 편안하게 느끼는 누
군가와 함께해야 한다.

습관화를 위한 다섯 가지 팁

1. 반복은 습관화의 핵심이다. 예를 들어 체육관에 가는 습관을 만들고 싶다면, 매주 같은 시간에 체육관에 가는 계획을 세워라. 그렇게 긍정적인 습관을 형성할 수 있게 된다.

2. 오랜 습관으로 돌아가고 싶은 유혹에 대비해 미리 계획하라. 일요일 아침에 그동안 못 본 TV 재방송을 보는 대신 체육관에 가고 싶다면 스스로에게 "TV를 보는 대신 나는 일요일 아침에 체육관에 갈 거야"라고 다짐하는 것이 건강한 새 습관을 쌓는 데 도움이 된다.

3. '다시 원위치로'의 마음가짐을 가져라. 우리는 모두 실수를 저지르기 마련이다. 자기 자신을 질책하는 대신 가능한 한 빨리 원위치로 돌아가자.

4. 자제력에만 기대지 말라. 건강한 새 습관을 지키기 위해 자제력에만 기대는 대신 주변 환경을 구조적으로 바꿀 수 있는 방법을 찾아보자. 더 건강하게 먹으려고 노력하는 중이라면 집에 과자를 사두지 않는 것이 좋다. 대신 과일처럼 더 건강한 간식을 눈에 띄고 손이 잘 가는 곳에 놓아두자. 엄마가 부엌 식탁에 과일바구니를 올려놓았던 것처럼 말이다! 건강한 간식을 먼저 만들어두고 식사시간보다 미리 식사를 준비하는 것도 새 습관을 들이는 데 도움이 되는 팁들이다.

5. 습관을 열심히 지킨 자신에게 상을 주어라. 당신의 목표와 부딪히지 않는 보상을 해야 한다. 당신의 목표가 설탕이 적게 든 음식을 먹는 것이라면 단 음식이 간절해질 때 컵케이크를 상으로 주는 대신 허브티를 마실 예쁜 머그컵을 새로 사자.

재발 방지

....

"성공을 거두는 것이 끝이 아니고, 실패한다고 해서 치명적인 것도 아니다.
중요한 것은 계속할 수 있는 용기다."
- 윈스턴 S. 처칠

재발 방지는 평생 가져가야 하는 습관이다. 건강에 있어서 지름길이란 없다. 건강하고 탄탄한 몸을 가지고 싶다면, 훌륭한 영양섭취와 운동의 습관을 들이는 연습을 지속적으로 해야 한다. 정신건강을 관리하는 것도 마찬가지다. 현실적이고 긍정적인 사고방식을 연습하는 것뿐 아니라 특정한 생활습관을 익히고 불필요한 습관들은 버리는 것이 공황과 불안을 평생 관리하기 위한 핵심이다.

당신의 생각

지난 몇십 년간 현실적이면서도 낙천적인 인생관을 가지는 것에 대한 연구가 광범위하게 진행되어 왔다. 그 결과, 정신건강을 긍정적으로 유지하고 불안을 관리하려면 낙천적인 세계관을 개발하고 유지해야 하는 것으로 나타났다. 나는 여기에 '현실적'이란 단어를 더하려 한다. 낙천주의는 당신의 문제를 회피하거나 무시하는 방법이 아니다. 간단히 말해서 낙천주의는 문제가 무엇인지 인식할 수 있고 이와 관련한 당신의 역할과 책임감을 받아들이며 가능한 한 가장 긍정적인 자세를 취하는 것이다. 긍정적인 태도를 갖춘다는 것은 단순히 부정적인 생각을 긍정적인 생각으로 대체하고 그 생각을 믿으려 한다는 의미가 아니다. 당신의 지적인 뇌는 이를 용납하지 않을 테니까! 긍정적인 태도란 실제로 일어나리라고 거의 믿을 수 있는 현실적이고 긍정적인 시나리오를 만드는 것을 의미한다. 여기에서 '거의'라는 말을 쓴 이유는 우리가 보통은 믿음을 바탕으로 움직이지만 이 세상에 절대적으로 확실한 것은 없기 때문이다. 따라서 여기에서 스스로에게 이런 절대적인 확실성을 요구할 필요는 없다.

예를 들어 당신이 방금 직장에서 해고됐다고 하자. 현실적이고 긍정적인 자기대화는 다음과 같이 흘러갈 것이다.

나는 방금 직장을 잃었어. 나는 생활비 내역을 다시 짜야 하고 일거리를 찾아야 해. 내 분야의 동료들에게 어디 자리가 없는지 연락해봐야겠어. 계획을 세우려면 오늘 밤에 아내와 이야기해봐야지. 다른 직장을 찾을 때까지 한동안 돈에 쪼들리겠지만 조금만 노력하고 버티면 금방 새로운 직장을 찾을 수 있을 거야. 그때까지 나는 내 강점에 초점을 맞춰 실행계획을 세우고 따라야겠어.

방금 연인과 헤어졌다면 현실적이고 긍정적인 대화는 다음과 같이 이루어질 것이다.

샘과의 연애가 끝나서 슬퍼. 나는 우리가 미래를 함께할 거라고 굳게 믿었지만, 서로 원하는 게 달랐어. 그러니 헤어지는 것이 맞는 것 같아. 지금은 마음이 아프지만, 내가 준비된다면 언젠가 나와 같은 것을 원하는 사람을 만나게 될 거야. 결혼을 하고 아이를 낳고 교외에서 사는 거지. 그때까지 나에게는 회복할 시간이 필요해. 그리고 다시 데이트할 준비가 될 때까지 친구들과 시간을 보낼 거야.

기술 연습하기

당신의 기술을 유지할 수 있는 유일한 방법은 연습이다. 그러니 불안을 유발하는 모든 상황을 당신의 기술을 연습할 수 있는 기회로 단순하게 바라보자. 당신이 경험하는 그 어떤 공황 증상도 마찬가지다. 불안은 편안함과 안정감을 선호한다. 이제부터 나는 이를 회피라고 부를 것이다. 그리고 회피는 더 많은 불안을 자아낸다는 것을 당신은 알아야 한다. 따라서 내 입장은, 당신이 불안 때문에 고군분투하고 있다면 '편안한' 인생은 당신의 적이며 당신은 인생에서 적절한 위험을 감수하는 기회를 의도적이고도 지속적으로 추구해야 한다는 것이다. 이런 관점에서 편안함이란 거의 위험을 감수하지 않으려는 예측 가능하고도 규격화된 삶을 의미한다. '스테이터스 쿠오 Status Quo (현상유지)'는 침체와 회피를 감추려는 가면이 된다. 그러나 위험을 감수한다는 의미는 당신 자신과 환경에 따라 달라진다. 사람들은 위험에 대해 각기 다른 생각을 가지고 있다. 그리고 어떤 사람에게 적절한 위험이 다른 사람에게는 그렇지 않을 수 있다.

- 다른 사람들 앞에서 연설하는 것이 두렵다면, 결혼식에서 축사를 하거나, 직장에서 발표를 하거나, 지역 반상회에서 이야기를

하는 기회를 찾아보자. '토스트마스터스' 같은 스피치 모임에 참여하는 것을 생각해볼 수도 있다.

- 당신이 집돌이라면, 돈과 시간이 허락하는 한 집을 떠나 여행을 해보자. 집에서 가까운 새로운 곳을 탐험하는 것에서 시작해 점점 더 멀리 떨어진 곳으로 모험을 떠나보자. 당신만의 탐험과 모험을 만들어보자.

- 사람이 붐비는 곳을 싫어한다면, 점점 더 큰 모임에 참석해 자기소개를 해보자. 집에서 열리는 파티에서 시작해 길거리 축제, 큰 쇼핑몰 등으로 옮겨가자.

- 비웃음을 당하는 것이 두렵다면, 당신의 의견을 나눌 기회를 찾아보자. 독서 모임에 참여한다든가 시민단체에 가입해 대표 자리에 자원한다든가 직장과 사교 파티에서 목소리를 높여보자.

- 실수를 저지르는 것이 두렵다면, 춤이나 생소한 운동, 새로운 취미를 배우는 기회를 찾아보자. 이는 새롭고 생소한 무엇인가를 배울 때 필요한, 실수를 저지를 수 있는 기회를 제공할 것이다.

이런 일들을 실행에 옮겨야 할 적기라는 것을 어떻게 알 수 있을까? 인생이 너무 편안하거나 전혀 불안이 느껴지지 않는다는 것은 불안을 극복하는 연습이 부족하다는 의미다. 불안과 싸우는 대부분의 사람들이 이런 불안의 부재를 바라지만, 불안은 우리에게 필수적이고도 유익한 존재다. 지나칠 정도로 안전하다는 느낌은 때로는 불안을 영속화시키는 주범일 수도 있다. 따라서 약간의 연습을 통해 인생을 풍요롭게 해주는 위험을 감수해보자!

매일의 불안관리

불안이 스멀스멀 올라온다. 1부터 10까지의 점수 중 겨우 3 정도에 해당하는 강도지만 당신의 마음은 요동치기 시작하고 '만약…하면 어쩌지?'의 질문이 마음속에 휘몰아치기 시작한다. 그리고는 궁금해질 것이다. 당신도 언젠가는 힘든 상황에 적응하고 그 어떤 것에도 조바심을 내지 않는 사람이 될 수 있을지 말이다. 상황이 더 악화될지, 언젠가는 정상적으로 살 수 있을지, 그리고 나중에 아이를 낳으면 아이들도 당신처럼 불안해하지는 않을지 궁금할 것이다. 바로 그 순간, 불안이 당신을 이기게 된다. 불안은 당신을 현 상황에서 끌고 나와 당신에게 원치 않는 미래의 시나리오를 보여준다. 그러나 반드시 그렇게 상황이 흘러갈 필요는 없다.

불안을 다스리기 위해서는 우리가 오직 현재에서만 변화를 이끌어갈 수 있다는 것을 깨달아야 한다. 우리는 미래나 다른 사람의 의견을 통제할 수 없다는 사실을 받아들여야 한다. 우리는 과거에 어떤 일을 저질렀든지 간에 언제나 또 다른 순간이 찾아와 다르게 행동할 수 있다는 태도를 가지고 살아가야 한다.

하루에 세 번 규칙적으로, 당신이 불안하다는 사실에 대해 자책하지 말고 1부터 10까지의 숫자 중에서 점수를 주는 것부터 시작해보자. 아침식사와 점심식사, 저녁식사 시간처럼 이미 정해진 일과에 점수를 주는 일과를 더해보는 것도 좋다. 당신의 점수를 눈여겨보고 이를 자책하고 싶은 충동을 억누르자. 당신이 해야 할 일은 특정한 불안점수가 몸에서 어떻게 느껴지는지 인지하는 것이다. '이게 3점이구나. 좋았어. 이건 5점이야. 좋아, 알았어! 이건 7점이야. 익숙하군.' 이것이 전부다. 그저 불안의 정도에만 신경을 쓰자. 비교나 비판, 그리고 과거에 있었던 불안을 다시 떠올리는 나쁜 버릇은 치워버리자.

그 다음으로는 내면의 목소리에 귀를 기울이자. 내면의 목소리가 당신을 불안의 지름길로 이끌고, 또 그 때문에 사고의 오류를 겪고 있는가? 부정적인 면만 보고 미래의 끔찍한 시나리오에 대해 고민하면서 당신만의 장점을 잃고 있는가? 이런 것들에 주의를 기울이고 당신에게 도움이 되는 방향으로 바꿔보자. 기억하자. 불안이 당신에게 말해주고 믿도록 강요하는 모든 것을 믿을 필요는 없다. 불안은 그저 불편한 것일 뿐, 이를 위험한 것처럼 반응할 필요도 없다.

당신에게 전혀 도움이 되지 않는 믿음들이 작동하고 있다고? 그렇다면 당신에게 도움이 되는 믿음들을 다시 떠올리며 그에 대응하도록 하자. 그리고 실수 때문에 스스로를 비난하지 말자. 당신은 한낱 인간일 뿐이고 당연히 실수를 저지른다. 결국 실수는 당신의 기술을 연마할 수 있는 기회가 될 것이다. 여기서 다행인 점은 당신이 실수를 저질러 잘못된 길로 들어섰다고 해서 그 길을 계속 따라갈 필요는 없다는 것이다. 그냥 다시 보통의 길로 돌아오면 되니까!

불안을 다스리기 위해 어떤 사람이나 장소, 상황을 회피하고 있는가? 그렇다면 이제는 다시 그 자리에 나갈 때가 왔다. 당신이 회피해왔던 사람과 장소, 상황을 목록으로 만들고 그와 관련한 불안의 정도를 각각 점수로 매기자. 그리고 가장 점수가 낮은 것부터 해치우자. 목록을 모두 격파할 때까지 차례대로 다음 항목으로 넘어가자. 이 단계가 어렵다고 느껴진다면 당신을 지지해줄 사람이나 도움을 줄 치료사를 구하는 것도 괜찮다.

마지막으로 충만하고 의미 있는 삶을 산다는 것이 당신에게 무엇을 뜻하는지 살펴보자. 보살펴야 할 가족과 친구들로 가득한 삶인가? 당신에게 필요한 지적 자극을 받고 있는가? 당신에게 의미 있는 방식으로 지역사회와 세계에 연결되어 있는가? 즐거움과 휴식, 재미를 위한 여유가 있는가? 이 질문들에 대해 생각해보고 이 중 하나 혹은 그 이상의 영역에 관심을 기울여야 한다고 생각되면, 그에 대해 반성해보고 당신 인생에서 그 영역을 좀 더 우선순위에 두기 위해 어떤 실행단계를 거쳐야 하는지 써보자.

불편함에 익숙해지기

불안은 편안함을 사랑하고 편안함 속에서 번성한다. 우리 대부분은 편안한 기분을 좋아한다. 따라서 그 편안함 자체가 당신에게는 도전 과제가 된다. 불안한 증상이 사라지면서 이를 휴식의 기회로 생각하고 편안함에 안주하게 될 때 보통 불안이 그 추악한 고개를 내민다. 해결책은 자기 자신의 안락 지대에서 벗어나 그 이상으로 뻗어 나가는 것이다.

그러니까 잠깐, 좀 더 편안해지려고 여태까지 그토록 많은 노력을 쏟아왔고 이 모든 변화를 꾀한 것이었는데, 이제 와서 내가 당신에게 안락 지대에서 벗어나라고 말하고 있다고? 그렇다! 이게 직관에서 어긋나게 들린다면, 그것도 맞는 말이다! 이는 불안의 재발 방지에도 도움이 된다. 우리는 끊임없이 성장하고 진화한다. 그렇지 못한다면 우리가 어떤 필수적인 과업을 회피하고 있다는 뜻이다. 회피는 불안을 조장한다. 편안함은 불안을 조장한다. 안전은 불안을 조장한다. 안전하고 편안한 곳에 틀어박혀 있고 싶은 마음은 더 많은 불안을 가져온다. 그러니, 맞다! 불안을 무찌르고 싶다면, 불편함을 줄 수 있는 기회를 찾아내는 것이 필요하다. 그리고 이를 통해 우리가 지금까지 거둔 성과를 유지할 수 있다. 나는 이것이 우리의 영원한 미션이라고 믿는다!

올인하고 있는가?

....

"우리 자신에 관해 확신할 수 있는 것은 우리에게 고통을 뛰어넘어
창조하고, 극복하고, 인내하고, 변화하고, 사랑할 능력이 있다는 것이다."
- 벤 오크리

나는 최근 참석한 한 학회에서 영감을 주는 연사, 션 셰퍼드가
목표를 달성하기 위해 필요한 몇 가지 기준에 대해 이야기하는 것
을 들었다.

1. 마음을 열어라.
2. 올바른 질문을 던져라.
3. 올인하라.

'올인하라.' 이는 목표를 달성한 사람과 그렇지 못한 사람 간의

차이다. 올인한다는 것이 조금은 두려울 수도 있다. 우리는 스스로를 보호하고 싶어 한다. 우리는 상실로부터 자신을 보호하고 싶다. 실망으로부터 보호하고 싶다. 우리는 안전을 중시하는 종족이다. 특히 불안할 때는 더 그렇다. 우리는 자신의 방식에 늘 회의를 가지고 조심스레 접근한다. 우리는 비상계획을 세우고 모든 달걀을 한 바구니에 담지 않는다. 즉, 절대 올인하지 않는다.

내게 수수께끼처럼 느껴지는 이야기였다. 그러면서도 역설적이지만 우리에게 가장 필요한 일처럼 느껴지기도 했다. 올인하지 않는다면 우리는 묵은 생각을 떨쳐버릴 수 없다. 이전의 습관을 놓지 못하면 새로운 습관을 세울 수 없다. 올인하지 않았다면 우리는 공정하게 시도해봤다고 말할 수 없다. 물론 나도 안다. 어쨌든 올인은 무섭다는 것을. 또한 우리는 상처받기 쉬운 존재며 스스로를 보호하고 싶어 하는 존재라는 것을. 그래도 나는 당신이 올인하길 권한다.

이제 나는 당신이 가장 올바른 길이라고 믿으면서도 두려움을 느낄 때 올인할 수 있는 방법을 제안하려 한다.

스스로에게 대안이 무엇인지 물어보자

올인하지 않을 때의 대안은 무엇인가? 당신이 진짜로 올인할 의지가 있는지 살펴보자. 만약 다리가 부러져서 집중물리치료를 받지 않으면 영영 걷지 못하게 된다고 하자. 그렇다면 당신은 그냥 가끔만 운동을 하겠는가 아니면 올인하겠는가? 지금 이 상태에 머물면서 당신의 불안을 해소하기 위한 조치를 취하지 않는다면, 1주일 후에 어떻게 느끼겠는가? 한 달 후에는? 1년 후에는? 5년 후에는? 당신의 답에 그대로 따르도록 하자.

부정적인 마음의 소리를 예측하고 잘라내자

불안한 뇌는 불안한 마음의 소리를 만들어내기에 능하다. 예를 들어 '만약 이게 소용이 없으면 어쩌지?', '내가 불안이나 공황을 이겨내지 못하면 어쩌지?', '이 책에서 소개하는 방법들을 쓰기 전에 내가 꼭 읽어야 할 다른 책이 있으면 어쩌지?'와 같은 마음의 소리들이다.

어떤 목표를 달성하기 직전에는 그 목표에 대한 불안감이 두드러지고 부정적인 마음의 소리가 튀어나오리라는 것은 당연하다. 다행인 것은 당신이 이 모든 생각을 똑같이 중시할 필요가 없다는 것이다. '만약 …하면 어쩌지?'라는 질문들에 현혹되지 않고 실제의 일에 집중하자. 무엇이 잘못될 수도 있는지가 아닌 지금 당신이 필요한 것과 당신이 해야 하는 일에만 주목하자.

공포가 아닌 정보를 따르자

그렇다, 정보를 따라야 한다. 우리에게는 감정적이고 경험적인 정보가 있다. 우리는 자신의 불안이 가라앉는지 보기 위해 평가척도를 사용할 수 있다. 공황발작에서 회복하는 시간이 얼마나 걸리는지, 그리고 그 시간이 점차 짧아지는지 보기 위해 정보를 활용할 수 있다. 우리는 공포가 코앞에 닥쳤을 때 자신이 얼마나 발전했는지 판단하기 위해 이 정보를 사용할 수 있다. 그리고 그 결과가 사실이라면 우리의 올인을 막는 장애물은 없어진다. 우리가 해야 할 일은 정보가 이끄는 대로 그 지시에 따르는 것이다.

공정한 시도를 위해 참고 견디자

이 책의 전반부에서 나는 해결책을 찾기 위해 불안에 대한 수많은 책을 읽으려고 노력했다는 내 경험을 이야기했다. 나는 이 방법을 추천하지 않는다. 긍정적인 결과를 내지 못했기 때문이다. 나는 가끔 새로운 환자들에게서 이런 모습을 발견한다. 아기를 돌보는 법에 대해 각기 다른 다섯 권의 책을 사들인 후, 그 모든 접근법을 이해하기 위해 책에 나오는 모든 조언을 다 실행에 옮기려고 하는 것이다. 대개 이런 시도는 역효과를 낳는다. 서로 다른 체계에서 나온 이런저런 정보들을 한꺼번에 끌어 모을 때, 우리는 결국 모순되는 조언에 부딪히게 된다. 잘해봤자 혼란스럽거나 좌절감을 느끼게 되고 최악의 경우에는 말 그대로 아무런 성과도 거두지 못하게 된다. 왜냐하면 다양한 체계의 다양한 부분들은 함께 작동할 수 없기 때문이다. 더 좋은 결과를 얻기 위해서는 한 번에 하나의 체계만 정해서 그와 관련한 전략들을 실행해야 한다. 그리고 그 체계가 당신에게 얼마나 잘 맞는지 알아보기 위해 정보를 수집하는 식으로 접근해야 한다.

여전히 망설여진다면 스스로에게 다음의 질문을 던져보자. "내가 불안을 극복하려고 노력할 때 벌어질 수 있는 최악의 상황은 무엇일까?" 보통 그 답은 이렇다. "내게 일어날 수 있는 가장 최악의 상황은, 아무것도 변하지 않는 것이다." 이는 흔히 우리가 시험 삼아 무엇인가를 해볼 때 듣게 되는 답이다. 실망할 수는 있지만 시도를 해본다고 상황이 더 악화되지는 않는다. 그 다음 질문은 "내게 일어날 수 있는 최고의 상황은 무엇일까?"다. 그 답은 아마도 "내게 일어날 수 있는 가장 좋은 상황은 불안과 공황을 극복하는 법을 배우는 것이다." 또는 "불안이 감소하거나 사라져서 내가 더 자유로운 삶을 살게 되는 것이다"가 될 것이다. 이 중 당신에게 더 매력적으로 들리는 답이 있는가? 두 번째 답이 매력적으로 들린다면, 그대로 전진하라. 올인하자. 시도한다고 해도 더 이상 잃을 것은 없고 얻을 것은 많으니까!

현실세계에서의 불안관리

지금까지 잘 좇아온 만큼 다음에 무엇이 나올지 궁금할 것이다. 나는 당신이 계속 불안을 다스릴 수 있길 바란다. 내 경험상 현실세계에서 당신의 기술을 연습할 기회는 자주 오되, 완전히 무계획적이고도 다양하게 나타난다. 이를 있는 그대로 받아들일 수 있다면 다행이다. 진료실에서 나는 '조율기간'을 가지기 위해 치료를 중단한 환자를 몇 개월 뒤에 만나게 되는 일이 왕왕 있다. 이런 조율기간 동안 환자들은 다음과 같은 생각으로 마음이 심란해진다고 말한다. "저는 여전히 가끔 옛날 그 느낌이 그대로 떠오를 것 같은 기분이 들어요. 그리고는 궁금해지죠. '내가 다시 옛날로 돌아가게 되는 건가?' 하고 말이에요." 이는 중요한 질문이다. 나는 이러한 질문을 대할 때 한 가지 기분이 발전의 증거가 될 수 있는지의 관점에서 보는 것을 좋아한다. 내가 보기에 답은 '아니요'다. 기분은 단순히 당신이 얼마만큼 변했는지 다시 한 번 생각해보게 만드는 역할을 할 뿐이다. 이렇게 생각해보자. 당신은 인생을 살면서 얼마든지 불안증과 불안감을 겪을 수 있다. 당신은 인간이기 때문이다. 그리고 이는 걱정할 일이 아니다. 중요한 것은 이런 기분이 부정적인 성향, 미래에 대한 걱정, 재앙에 대한 예감 등으로 이어지는 하향곡선을 만들어낼 것인지 여부다. 그렇지 않다면 당신은 괜찮은 것이다.

'만약 …하면 어쩌지?'라는 질문을 놓아주자

최근에 한 환자가 병원을 방문해, 그동안 공황과 사회불안장애를 이겨내며 일궈낸 발전들에도 불구하고 여전히 모든 것이 무너져버릴 것 같은 느낌이 들 때가 있다고 한탄했다. 나는 그에게 이런 순간에 무엇을 하는지 물었다. 그리고 함께 이야기를 나눈 끝에 그가 가끔 불안한 불편함을 느끼지만 꿋꿋이 견뎌내고 있으며 그 때문에 주저하지 않는다는 것을 알았다. 그는 직장에서 더 많은 위험을 무릅쓰고 있었다. 따라서 자연스레 익숙하지 않은 상황을 맞게 됐고 사람들 앞에서 이야기할 기회는 더 많이 생겼다. 그러한 상황은 불확실성을 만들어내고 불안한 감정을 증폭시켰다. 그러나 그는 이 순간이 계속되는 것이 아니며 그를 괴롭히지도 않는다는 것을 깨달았다. 그리고 전반적으로 그는 불안을 성공적으로 관리하고 있다는 것을 알았다. 그가 행동을 취하고 있었기에 가능한 일이었다. 불안에의 노출을 연습하는 세계에서와 마찬가지로 현실세계에서도 편안함은 실천과 대척점에 있다. 당신을 불안하게 만드는 뭔가를 할 수 있을까 고민하고 있다면, 당신이 할 수 있을지 여부가 아니라 어떻게 하면 되는지 그 방법을 생각해보자.

때로는 초기화가 필요하다

가끔 우리는 조급하거나 긴장되거나 에너지가 고갈된 느낌이 들지만 그 원인을 알 수 없을 때가 있다. 그것이 바로 우리네 인생이며 그것이 문제다. 우리는 언제나 서두르고 바쁘다. 직장에서는 늘 프로젝트를 떠맡고 집에서는 아이들이 아프다. 그리고 늘 시간이 없다. 그런 상황에서 나는 당신이 한 걸음 물러서서 '초기화'를 해보길 권한다. 스마트폰과 태블릿 PC, 컴퓨터도 주기적으로 전원을 끄고 구성을 바꿔야 하는 것처럼, 우리도 마찬가지다. 우리는 새로 평가하고 다시 조정한 후 미리 계획을 세울 시간이 필요하다. 때로는 그 시간에 육체적인 욕구를 보듬고 잠을 더 자고 운동을 하고 또는 의학적인 치료를 받아야 할 수도 있다. 또 가끔은 우리의 정신적, 창의적, 관계적 욕구를 충족시켜야 할 때도 있다. 가끔 속도를 늦추고 스스로에게 "지금 나에게 가장 필요한 것은 무엇일까?" 하고 묻는 것을 의미하기도 한다. 아무리 작은 목소리라도 그 답에 귀를 기울이자. 그 대답이 중요하지 않다거나 이기적이라고 무시하고 싶은 충동을 버리자. 그 답을 아무런 비판 없이 있는 그대로 받아들이고 자신의 욕구를 더 많이 충족할 수 있는 방법에 초점을 맞출 때 당신은 덜 불안해질 수 있다. 당신에게 필요한 모든 것을 얻을 수 없다면, 당신이 원하는 것을 언제 얻을 수 있으며 어떻게 해야 목표를 순조롭게 달성할 수 있는지 시간표를 세워보자. 예를 들어 친구나 치료사, 또는 당신의 목표를 알고 있는 다른 사람에게 이야기하고 다시 평가받기 위해 달력에 표시를 해놓거나 일기장에 목표를 기록해놓자.

당신만의 규칙을 다시 쓰자

지금까지 불안은 당신의 규칙에 강한 영향을 미쳐왔다. 나는 그 규칙이 당신의 불안을 유발하고 증가시키는 데 큰 몫을 해왔다고

도 감히 말하고 싶다. 불안은 당신이 특정 규칙에 따라 살아오도록 만들었다. 그리고 그 규칙에서 벗어날 경우 대가를 치러야만 한다. 자기비하, 수치심, 의심 등이 바로 그 대가다. 현실세계에서 우리는 모두 자신의 성과가 만족스럽지 못하거나 남들 앞에서 창피를 당하거나 우리의 약점이 공개되는 상황에 처한다.

이는 우리가 떠올릴 수 있는 가장 무서운 악몽이다. 따라서 이런 시나리오가 벌어지는 상황을 막기 위해 규칙에 따를 가능성이 매우 높다. 이런 규칙들이 지닌 문제는 일어날 수 있는 부정적인 결과를 모두 막기에는 너무나 비효율적일 뿐 아니라 우리가 인생과 인간관계에 제대로 몰입할 수 없도록 저지한다는 것이다. 최근 한 환자는 사교적인 상황이 자신에게 얼마나 어려운지 내게 한탄을 늘어놓았다. 그녀는 자기 행동을 통제하려고 노력하지만 다른 사람들은 그 동일한 규칙을 따르지 않는다. 따라서 친구들이나 가족과의 상호작용은 엄청난 불안의 근원이 되어버리는 것이다. 어쨌든 우리 내면의 믿음과 감정은 우리와 가까운 사람들도 엄격한 규칙에 따라 행동해주길 바란다. 그러지 않으면 곧 부정적인 주목을 받고 그로 인해 창피를 당한다고 생각하기 때문이다. 당연하게도 나는 그 환자에게 내면의 규칙을 내다 버려야 한다고 말했다. 이 말을 들은 환자는 처음에는 당혹스러워했지만 곧 웃음을 터뜨렸다. 그래, 웃었다는 말이다! 그러니 규칙을 던져버리고 당신의 자유를 축하하자.

안전한 세상이라는 믿음을 만들어내자

우리는 고통스럽고 때로는 살벌하며 비극적인 일들이 벌어지는 세상에 살고 있다. 물론 그만큼 멋진 일들도 일어난다. 이 세상은 온통 새로운 생명, 사랑, 친절함, 연대감, 그리고 웃음이 넘쳐흐른다. 이런 것들을 나란히 앞에 두고 우리는 선택을 해야만 한다. 우리는 이 우주가 대체로 위험하고 악의적이며 공허한 곳이라고 믿을 것인가? 아니면 안전하고 자애로우며 풍요로운 곳이라고 믿을 것인가? 불안은 분명 전자를 선호한다. 이는 두려움과 회피로 이어지며 결국 사람들이 도전을 거부하고 새로운 재앙이 코앞에 닥쳤다고 두려워하게 만든다. 우리가 이 세상을 무섭게 볼 때 세상은 무서워진다. 우리 눈에는 오직 위험신호만 들어온다. 따라서 우리는 이 정보를 받아들여 편견을 강화하는 데 쓴다. 마찬가지로 우리는 이 세상을 안전한 곳으로 바라볼 때 이 세상이 우리의 바람대로 안전한 장소라는 증거를 찾기 시작한다. 우리가 대비해야 할 유일한 위험한 상황이 찻길을 건너는 순간인 세상, 우리가 마주칠 수 있는 모든 가상의 위험을 떨쳐버려도 좋은 세상에서 사는 것은 그리 어렵지 않다.

우리는 모두 이 세상이 안전하고 확실한 곳이라고 믿어야 한다.